Michael Köhlmeiers
Sagen des klassischen Altertums

Zu diesem Buch

Die Begriffe sind jedem geläufig: vom Ödipus-Komplex bis zur Achilles-Ferse, von den Tantalos-Qualen bis zum Trojanischen Pferd oder zum Danaer-Geschenk, was übrigens genau dieses Pferd ist. Aber wer kennt noch all die Sagen und Geschichten wirklich, aus denen sie stammen? Wer hat heute noch die griechische Mythologie im Kopf – jene wundervollen Geschichten, auf denen soviel in unserer abendländischen Kultur basiert? Homer hat sie uns überliefert, und Köhlmeier hat seinen Homer fürwahr im Kopf. Er erzählt sie uns neu – und ganz anders, als es Gustav Schwab vor über hundertfünfzig Jahren tat. Wie die antiken Sänger läßt er sich von den Ereignissen forttragen, erzählt er in leichtem und lockeren Ton die bewegenden, erschütternden und oft grausamen Geschichten aus der Kindheit des Abendlandes: von Europa, König Minos und dem Stier, von Ödipus, der Sphinx, dem delphischen Orakel, von der Entstehung der Welt und der Götter, vom Trojanischen Krieg und seinen Helden, von den Irrfahrten des Odysseus und von vielem mehr. Das Buch basiert auf der begeistert aufgenommenen Sendereihe im ORF, die auch als CD großen Erfolg hatte.

Michael Köhlmeier, 1949 geboren, wuchs in Hohenems/Vorarlberg auf, wo er auch heute lebt. Er schrieb zahlreiche Drehbücher, Hörspiele, Theaterstücke und Romane. Für seinen Roman »Spielplatz der Helden« erhielt er 1988 den Johann-Peter-Hebel-Preis des Landes Baden-Württemberg und für sein Gesamtwerk 1994 den Manès-Sperber-Preis. 1997 wurde er mit dem Anton-Wildgans-Preis ausgezeichnet. Zuletzt erschien sein Roman »Kalypso« (1997).

Michael Köhlmeiers
Sagen des klassischen Altertums

Piper München Zürich

Originalausgabe
1. Auflage Oktober 1996
6. Auflage Oktober 1997
© 1996 Piper Verlag GmbH, München
Umschlag: Büro Hamburg
Simone Leitenberger, Susanne Schmitt, Andrea Lühr
Umschlagabbildung: Archiv für Kunst und Geschichte, Berlin
Foto Umschlagrückseite: Sepp Dreissinger
Satz: Uwe Steffen, München
Druck und Bindung: Clausen & Bosse, Leck
Printed in Germany   ISBN 3-492-22371-0

Inhalt

Singe mir, Muse...

*Von Athene und der Erfindung der Flöte – Von Marsyas
und Apoll – Von Orpheus und Eurydike – Von
eifersüchtigen Frauen – Von einem träumenden
Hirtenknaben*

Sollen wir bei der Schöpfungsgeschichte beginnen, also
wie Himmel und Erde aus dem Chaos entstanden? Weiter zurückgreifen läßt sich nicht, denn im Chaos war
nichts, wovon man berichten könnte. Es läge nahe, beim
Anfang zu beginnen, also an dem Punkt oder Zeitpunkt
oder wie man diesen Moment nennen will, an dem es dem
Ungeteilten gefiel, sich zu teilen. – Wir tun es nicht. Wir
werden von der Schöpfungsgeschichte erst später erzählen. Für uns stehen am Beginn nämlich nicht Chaos
und Ursprung, sondern die Sänger, die uns all diese Geschichten erzählen, auch die Geschichte von der Entstehung der Dinge und der Götter und der Menschen.
Deshalb will ich den Anfang den Sängern geben.

Ich möchte zunächst von einem kleinen, unbeachteten
Musikanten erzählen, nämlich vom unglücklichen Satyr
Marsyas. Und diese Geschichte fängt bezeichnenderweise nicht mit diesem komisch-wunderlichen Waldwesen an, sondern mit der ebenso prominenten wie gestrengen Göttin Pallas Athene.

Die Göttin Pallas Athene streifte einst durch die Wälder
und fand einen Doppelknochen – ich weiß nicht, was ge-

7

nau darunter zu verstehen ist –, einen von Ameisen aus-
gehöhlten und gesäuberten Doppelknochen, und in diesen Doppelknochen bohrte sie Löcher, und da war er eine
Flöte. Manche behaupten, Athene habe damals die Flöte
erfunden. Die Sagen liefern uns ja oft die Entstehungs-
geschichte der Dinge, die uns umgeben, wie diese Dinge
gegründet, erfunden, gefunden wurden. Bei der besagten
Doppelrohrflöte ist zu bemerken, daß sie mit unserer
heutigen Flöte nicht zu vergleichen ist. Man muß sich ein
Rohr vorstellen, in das ein Blatt geklemmt ist, das in
Schwingung gerät, wenn es angeblasen wird, und einen
quäkenden Ton von sich gibt, der dann durch Manipu-
lation der beiden Flötenschächte moduliert wird. Aulos
wurde das Instrument genannt, und der Aulos war mindestens soviel ein Vorläufer des Dudelsacks wie unserer
Blockflöte. Nicht gerade das edelste der Instrumente, und
wir werden sehen, die große Pallas Athene konnte sich,
zumindest was den Instrumentenbau betrifft, mit ihrem
Halbbruder Hermes nicht vergleichen.

Jedenfalls wollte Athene ihre Erfindung oben im
Olymp den versammelten Göttern vorführen. Sie setzte
sich hin und begann auf dem Aulos zu spielen. Es muß
ohne Zweifel eine wunderbare Musik gewesen sein, eine
göttliche Musik eben. Und dennoch: Hera, die Göttermutter, die Schwester und auch Gattin des Zeus, und
Aphrodite, die Göttin der Liebe, sie drehten sich weg und
begannen zu tuscheln und zu kichern. Athene war etwas
verwirrt und fragte: »Was ist denn los? Spiele ich nicht
richtig?« – Sie bekam aber keine Antwort. Nun, dachte
sie, es kann ja nicht nur an den anderen liegen, vielleicht
liegt es an mir. Im Gegensatz zu den meisten anderen Göttern war sie zu der eigentlich ganz ungöttlichen Eigen-

schaft der Selbstkritik durchaus fähig. Sie flog zur Erde hinunter, suchte sich einen klaren Gebirgssee, beugte sich über die Wasserfläche und spielte dasselbe Lied noch einmal, diesmal nur für sich. Und betrachtete, während sie spielte, ihr Spiegelbild. Und nun wußte sie auch, warum Hera und Aphrodite gekichert hatten. Ihr Spiegelbild zeigte ein aufgedunsenes, angestrengtes, bläulich-rot angelaufenes Gesicht, die Augen waren zusammengedrückt, die Nasenflügel unappetitlich gebläht. Die Musik klang zwar wunderschön, aber sie machte den Musikanten häßlich. Und Athene wußte, mit dieser Erfindung konnte sie nirgends großtun, das Spiel auf dem Aulos war nichts für sie, vielleicht überhaupt nichts für Frauen, es machte sie abstoßend.

Sie warf die Flöte hinter sich und nicht nur das, sie heftete an die Flöte zusätzlich noch einen Fluch. Sie sagte: »Wer auch immer diese Flöte spielen wird, es soll Unglück über ihn kommen.«

Und nun kam dieser unglückselige Satyr Marsyas des Weges, ein Kobold, ein harmloser Waldbewohner, nicht sehr klug, aber rundum zufrieden mit sich selbst. Und er stolperte über die Flöte, und er sagte sich: »Na gut, wenn ich schon darüber stolpere, dann soll sie mir auch dienen.«

Und er begann darauf zu spielen. Er hatte keine Ahnung von Musik und keine Ahnung von der Handhabung dieses Instruments. Aber siehe da, aus der Flöte kamen wie von selbst wunderbare, weil eben göttliche Klänge. Marsyas dachte nicht daran, dahinter einen Spuk zu vermuten, er schrieb die wunderbare Musik ganz seinem Genie zu, von dem er, wie er sich sagte, bisher nur nichts gewußt hatte.

So zog er vor die Bauern der Umgebung und spielte ihnen auf. Und die sagten: »Also, wir können dir nur gratulieren, Satyr Marsyas!« – Sie bewunderten ihn mit offenen Mündern. Hingerissen waren sie, und einer der Bauern sprach es aus: »So schön wie du spielt nur noch Apoll, der Gott der Musik!«

Und da hätte der unglückselige, närrische Marsyas widersprechen sollen. Unbedingt! Spätestens nach diesem Wort hätte er die Flöte weit von sich werfen sollen. Aber er hat es nicht getan, er war eben auch eitel wie jeder, und er hat sich solches Lob gerne sagen lassen. Er hat diesen Satz auf seiner weiteren Tournee sogar als eine Art Werbespruch vor sich hergetragen: »So schön wie ich spielt nur noch Apoll!«

Mir scheint es ratsam, die Finger und die Worte von den Göttern zu lassen, man erregt nur ihre Aufmerksamkeit und ihren Ehrgeiz. Apoll hörte, wie da mit seinem Namen geprahlt wurde, er sah eine Weile lang vom Olymp aus zu, dann kam er herunter und sagte zu Marsyas: »Wenn du meinst, daß du so schön spielen kannst wie ich, dann laß uns doch einen Wettstreit abhalten. Ich auf der Lyra und du, Marsyas, auf deiner merkwürdigen zweiknochigen Flöte.«

Fehler Nummer zwei: Marsyas stimmte zu.

Apoll bestellte eine Jury, eine wirklich auserlesene Jury, das muß festgehalten werden, nämlich die Musen, die Göttinnen der Künste und der Wissenschaften, und die sollten beurteilen, wer nun tatsächlich schöner spielte.

Bevor sie aber zu spielen begannen, sagte Apoll: »Weil ich der Gott bin und du, Marsyas, nur ein niedriger, schmutziger Satyr, werde ich die Regeln des Wettstreites bestimmen. Wer von uns beiden Sieger wird, der darf mit dem anderen machen, was er will.«

Marsyas war wieder einverstanden. Es blieb ihm diesmal allerdings keine Wahl. Außerdem sah der eitle Dummkopf in der Tatsache, daß Apoll, Zeus' erstgeborener Sohn, sich herabließ, ihm Bedingungen zu diktieren, ein Zugeständnis, daß er, der kleine, unbedeutende, schmutzige Satyr, dem großen, bedeutenden Gott überlegen sei – oder zumindest sein könnte, daß er eine reelle Chance habe gegen den strahlenden Sohn der Leto.

Sie spielten – Apoll auf der Lyra, Marsyas auf dem Aulos. Und zunächst sah die Sache für den Satyr gar nicht so schlecht aus. Die Musen sagten: »Nein, wir können tatsächlich nicht feststellen, wer von euch der Bessere ist. Ihr seid beide gleich gut.«

Und Apoll sagte: »Dann werde ich den Wettbewerb erweitern. Im folgenden sollst du, Marsyas, mir alles nachmachen, was ich mache. Wenn du das kannst, dann gebe ich mich geschlagen.«

Nun wird es dem Marsyas wohl etwas mulmig geworden sein, aber er stimmte wieder zu.

Apoll drehte seine Lyra um und spielte das Griffbrett linkshändig – und wurde somit gleich auch zum Stammvater aller linkshändigen Gitarristen von Jimi Hendrix bis Paul McCartney –, und er sagte: »Dreh du dein Instrument ebenfalls um, Marsyas! Und noch etwas!« Und der Gott begann zur Lyra zu singen. »So«, sang er, »mach es genauso! Sing, während du spielst!«

Das geht vielleicht mit der Lyra, mit der Kithara geht das vielleicht, aber sicher nicht mit einem flötenähnlichen Instrument, wie es der Aulos ist. Erstens kommt nichts heraus, wenn man die Flöte umdreht und hinten hineinbläst, und zweitens kann kein Mensch Flöte spielen und gleichzeitig singen. Nicht einmal ein Gott kann das. Denn auch die Götter können mit den Dingen dieser Welt nicht nach Willkür verfahren.

Also hatte Marsyas diesen Wettstreit verloren. Die Musen gaben den Siegerkranz an Apoll.

Apoll sagte zu Marsyas: »Nun, wir hatten ausgemacht, der Sieger darf mit dem Verlierer machen, was er will. Ich bin der Sieger.«

Er packte den kleinen Marsyas am Genick, hängte ihn an eine hohe Fichte und schabte ihm mit dem kuriosen Doppelknochen die Haut vom Körper. Die Musen standen dabei, und das Geschrei des Marsyas empfanden sie auch als eine Art von Musik. Denn die Musen verstehen es, in allen Dingen dieser Welt das Ästhetische zu sehen.

Wir dürfen aber nicht glauben, daß Apoll einer gewesen sei, der neben sich keinen anderen hätte aufkommen lassen, keinen anderen Sänger, keinen anderen Lyraspieler. Das Gegenteil ist der Fall. Darum will ich nun die Geschichte des größten aller Sänger des griechischen Altertums erzählen, die Geschichte von Orpheus.

Orpheus soll – und ich neige dazu, dies zu glauben – der Sohn des Apoll gewesen sein. Man kann sich sonst nicht erklären, daß jemand so verzaubernd singen konnte. Wer aber war die Mutter des Orpheus? – Ich möchte hier auf die erste Zeile aus Homers Ilias verweisen:

»Singe, Göttin, den Zorn des Peleiden Achilleus...«

Das ist ein Hinweis auf die Mutter des Orpheus, auf Kalliope. Kalliope heißt: die Schönstimmige. Sie ist die Patronin der epischen Dichtung.

Kalliope die Mutter, Apoll der Vater, der Sohn: Orpheus, der bedeutendste, der größte, der schönste, der rätselhafteste Sänger der Antike. Über ihn hieß es: »In unendlichen Scharen kreisten die Vögel über seinem Haupt, und hoch sprangen die Fische aus dem dunkelblauen Meer ihm entgegen.«

Die Tiere versammelten sich um ihn, wenn er zu singen und zu spielen begann, die Tiere des Wassers, die Tiere des Landes, die Tiere der Luft. Aber nicht nur die Tiere wandten sich ihm zu, sondern, wie es heißt, auch die Bäume und die Sträucher. Ich war vor kurzem in der kleinen Inselstadt Sirmione im Gardasee, wo der römische Dichter Catull seine Villa angelegt hat, und dort stehen im Hain des Catull uralte Olivenbäume. Sie sind so alt, daß ihre Stämme gespalten und zerrissen sind, und es sieht manchmal so aus, als ob es alte Männer wären, die sich im Schritt befinden, der Stamm geht unten zweifach in die Erde hinein. Und solche alten Olivenbäume kann man auch in Griechenland sehen, und man sagt, das seien die Olivenbäume, die Orpheus nachgelaufen sind.

Es sind ihm auch die Erdhügel, die Steine, die Felsbrocken nachgefolgt, und die Berge hätten, so heißt es, an ihren breiten Wurzeln gerissen, so daß die Erde zu beben begonnen habe. Wenn man am Ufer steht und ins Meer hinausschaut, an manchen Stellen sieht man die Felsen wie Köpfe aus dem Meer herausragen. Man sagt, sie seien vom Meeresgrund aufgetaucht, um Orpheus singen zu hören.

Orpheus bedeutet *das Dunkle*, und tatsächlich gab es ein Ereignis, das aus dem einst fröhlichen Sänger eine düstere, rätselhafte Gestalt machte...

Ich will zunächst erzählen, woher er sein Instrument hatte. Seine Stimme zusammen mit diesem Instrument ergab ja erst diese alles bezwingende Musik. Und auch dieses Instrument, wie schon die Flöte des Marsyas, ist göttlichen Ursprungs.

Orpheus hat es von seinem Vater Apoll bekommen, und diesem hat es wiederum Hermes, Apolls Halbbruder und olympischer Freund, geschenkt. Hermes ist einer der liebenswürdigsten Götter. Am ersten Tag in seinem Sein – um nicht zu sagen: in seinem Leben – kroch er aus den Windeln, hinaus aus seiner Höhle, dort fand das kleine Götterbaby eine Riesenschildkröte, der drehte er kurzerhand den Hals ab, riß ihr den Rückenpanzer vom Körper, spannte darüber Saiten und hatte somit im Handumdrehen die Lyra, die Kithara, unsere Gitarre erfunden. Und weil er an demselben ersten Tag seinem Halbbruder Apoll einen frechen Streich gespielt hatte und dieser ihm vorübergehend zürnte, hat er ihm die Lyra als Versöhnungsgeschenk überlassen.

Und Apoll hat sie an seinen Lieblingssänger Orpheus weitergegeben. Und auf diesem Instrument hat Orpheus seinen wunderbaren Gesang begleitet.

Orpheus war einer der Argonauten, die auf dem Schiff Argo durch die Welt gesegelt sind. Er war für die Besatzung der Argo nicht irgendein Sänger, ein lästiges kulturelles Anhängsel, so eine Art Troubadix, wie wir ihn von Asterix und Obelix kennen, dem gleich der Mund zugebunden wird, sobald er nur einen Laut von sich gibt – nein, Orpheus war auch aus militärischen Gründen für die Besatzung der Argo äußerst wichtig. Man stelle sich vor, was das für ein militärischer Vorteil ist, wenn man dem Feind gegenübersteht, und noch bevor ein Schuß abgegeben wird, beginnt der Sänger auf der eigenen Seite zu singen, und die Gegner sind so hingerissen von dieser Musik, daß sie die Waffen sinken lassen und sich niedersetzen, um zu lauschen. Und während die Stimme des Sängers noch erschallt, kann man in aller Ruhe den Feinden die Kehlen durchschneiden.

Ein anderes Beispiel für die Nützlichkeit der Musik an Bord der Argo: Orpheus hat die Mannschaft auch vor den Sirenen gerettet. Auf die Sirenen werden wir noch zu sprechen kommen, wenn wir von Odysseus berichten. Als die Argo an der Insel dieser verlockenden Ungeheuer vorüberfuhr, hat Orpheus so laut gesungen, daß die Sirenen dagegen nicht ankamen, und das Schiff fuhr ungehindert an dieser gefährlichen Stelle vorbei.

Die Bücher, die über Orpheus geschrieben wurden, sind nicht zu zählen; auch Filme wurden gedreht, ich denke nur »Orphée« von Jean Cocteau, Comics wurden gezeichnet, sogar solche mit dem Etikett »besonders wertvoll« wie »Orphi und Eura« von Dino Buzzati. Und vieles mehr.

Der Grund, warum Orpheus bis heute so berühmt und beliebt ist, liegt nicht in seinen militärischen Erfolgen beim Zug der Argonauten. Seinen Ruhm verdankt er einer Liebesgeschichte. – Es ist die Geschichte von Orpheus und Eurydike.

Als er zurückkam von seiner Weltreise, traf er Eurydike. Und verliebte sich sofort in sie. Und auch Eurydike verliebte sich sofort in ihn. Sie waren das glücklichste und schönste Paar, das in der damaligen Welt anzutreffen war.

Eurydike ging eines Tages hinaus auf das Feld, um Blumen für Orpheus zu pflücken, denn Orpheus war in die Stadt gefahren, um ein leichtes Tuch für Eurydike zu kaufen. Es war ein schläfriger Sommernachmittag, um die Blumen surrten die Bienen. Eurydike wartete, bis die Bienen ihren Nektar gehoben hatten, dann erst brach sie die Blumen.

Die Bienen aber gehörten dem berühmtesten Bienenzüchter der Antike, nämlich Aristaios. Er hatte die Bienenzucht erfunden, er betrieb eine erfolgreiche Imkerei und belieferte den ganzen Erdkreis mit Honig, und nicht nur die Menschen, sondern auch die Götter belieferte er.

Dieser Aristaios beobachtete Eurydike, wie sie sich niederbeugte, um die Blumen zu pflücken, und er war augenblicklich von Begierde erfüllt und rannte auf sie zu. Eurydike lief davon, Aristaios lief ihr hinterher, Eurydike hatte furchtbare Angst vor dem Mann, der so ein merkwürdiges Netz über dem Gesicht hatte, und sie blickte nicht auf den Boden und trat auf eine Schlange. Und diese Schlange biß sie in den Fuß, und daran starb Eurydike.

Als Orpheus mit dem leichten Tuch aus der Stadt zurückkam, war seine geliebte Frau bereits tot.

Er wurde von einer ungeheuren Trauer erfaßt, einer Trauer, wie sie die Welt bis dahin nicht für möglich gehalten hatte. Er aß nichts mehr. Er schlief nicht mehr. Er konnte keine Minute ruhig sein. Er komponierte im Gehen die wunderschönsten Trauerlieder, Trauerlieder, wie sie noch nie gehört worden waren. Diese Lieder sind leider alle verlorengegangen, weil er sie dem Wind auf den Straßen zur freien Verfügung überlassen hat, und der hat sie weggetragen. Wohin? The answer is blowin' in the wind...

Und schließlich machte sich Orpheus auf den Weg ans Ende der Welt. Er wanderte nach Süden, nach Süden, nach Süden, bis er die Südspitze des Peloponnes erreichte, und dort gibt es einen Eingang in das Totenreich, in das Reich des Hades. Vor diesen Eingang stellte sich Orpheus und spielte und sang, eingehüllt in die finstere Wolke der Trauer. Er wußte ja, daß Hermes, der Götterbote, der Gott der Diebe, auch der Führergott ist, der die Seelen sanft in die Unterwelt geleitet; Orpheus wußte, daß Hermes seine geliebte Eurydike durch diesen Eingang in die Unterwelt, in das grausige Reich der Schatten und der Toten, geführt hatte.

Orpheus stand also mit seiner Lyra am Eingang und sang und spielte, und sein Spiel und sein Gesang waren nichts anderes als ein sehnsuchtsvolles Rufen nach Eurydike.

Und es stellte sich heraus, daß sein Gesang und sein Spiel nicht nur Steine erweichen und Bäume und Sträucher zum Gehen und Tiere zum Lauschen und Tanzen und die Berge zum Reißen an ihren Wurzeln zwingen, sondern auch das Herz von Charon bezwingen konnte.

Charon ist der Fährmann, der die Seelen in seinem Boot über den Fluß der Unterwelt, den Styx, hinüberführt. Und Charon, der es eigentlich besser wissen müßte, ihm ist ja aufgetragen, keinen Lebenden über diesen Fluß zu lassen, Charon ließ sich überreden durch diese Musik, ließ sich verführen, er ließ Orpheus, den Lebendigen, auf den Kahn steigen und setzte ihn über auf die andere Seite des Styx.

Dort wartete Zerberus, der Höllenhund, der noch die zweite Sicherung war, damit kein Lebender in den Hades komme. Aber auch dieses vielköpfige Monster ließ sich vom Gesang des Orpheus verzaubern und ließ Orpheus passieren, und so betrat der Sänger die Unterwelt.

Und während er immer tiefer in die absolute Finsternis schritt, spielte er auf seiner Lyra und hörte nicht auf zu singen und im Gesang nach seiner geliebten Eurydike zu rufen.

Und siehe da: In das elende, langweilige, graue, jammervolle Reich der Toten kam so etwas wie Freude, so etwas wie eine vorübergehende Erleichterung. Aus allen Enden der Dunkelheit drängten die Toten, um die Lieder des Orpheus zu hören. – Sisyphos, der im Tartaros verurteilt ist, einen Stein auf einen Fels zu rollen, der immer wieder zurückfällt, der ihn wieder hinaufschieben muß, von wo er wieder hinunterrollt, dieser Zwangsneurotiker Sisyphos hielt in seiner sinnlosen Arbeit inne, setzte sich auf seinen Stein, lauschte auf die Musik. – Tantalos, der verflucht war, im Wasser zu stehen und über sich die leckersten Früchte zu sehen und dennoch vor Hunger und Durst fast umzukommen, er vergaß vorübergehend seine Qualen. – Persephone, die dunkle Königin der Unterwelt, und auch Hades, ihr königlicher Gemahl, sie lauschten dem Gesang des Orpheus, der um Eurydike klagte.

Schließlich stimmte Persephone zu und sagte: »Du darfst deine Eurydike mit nach oben nehmen.«

Hades aber knüpfte eine Bedingung daran, er sagte: »Du darfst das, aber du darfst dich nicht ein einziges Mal zu ihr umsehen, bis ihr beide das Licht der Welt wieder erblickt habt, bis ihr beide wieder über die Grenze, über den Styx, auf der anderen Seite seid.«

Es gibt viele Abbildungen von Orpheus in der Unterwelt, bei allen ist eines gleich: Orpheus schaut mit leerem Blick vor sich nieder. Um ihn schweben die Seelen der Toten, stehen Persephone und Hades. Orpheus schaut niemandem ins Gesicht, auch seiner Eurydike nicht. Es ist verboten, den Toten und der Königin der Toten und dem König der Toten ins Gesicht zu blicken.

Orpheus ging voran, Eurydike folgte ihm, so verließen sie den Hades. Orpheus spielte und sang, immer weiter, ohne Unterbrechung, er wußte, wenn er aufhört zu singen, dann fällt dieser Zauber zusammen. Eurydike folgte durch die Finsternis, und sie orientierte sich nach dem Klang seiner Stimme.

Und als sie schon das Licht sahen, da drehte er sich doch nach ihr um. – Wir wissen nicht, warum er sich umgedreht hat. Es gibt keinen vernünftigen Grund dafür. Er tat es. Vielleicht packte ihn der Alp des Perversen, dem Edgar Allan Poe eine seiner scharfsichtigsten Erzählungen gewidmet hat, dieser Ungeist, der die Menschen dazu antreibt, sich selbst zu schaden. Ich weiß es nicht… – Jedenfalls wurde in diesem Augenblick Eurydike für immer von Orpheus genommen. Hermes stand schon bereit und zog sie zurück in die Finsternis. Und nun war auch Charon nicht mehr umzustimmen, und Zerberus jagte Orpheus hinaus aus der Unterwelt, und er hatte seine geliebte Eurydike für immer verloren.

Von nun an zog sich Orpheus aus der Welt zurück. Er liebte die Frauen nicht mehr. Er mied die Frauen, er gründete einen Orden und wurde der vielleicht einzige Mystiker des griechischen Altertums. Die Griechen hatten mit Mystik nichts im Sinn, derlei war ihnen unheimlich. Sie sahen auf die Welt mit den Augen des Mythos. Das muß genau unterschieden werden. Der mythische Blick ist im Grunde ein aufgeklärter Blick, auch wenn im Mythos wunderbare Dinge passieren. Diese wunderbaren, seltsamen Dinge sind ja auch nichts anderes als Erklärungsversuche. Dahinter steckt ein Aufklärungswille. Das Rätsel war den Griechen unheimlich. Sie wollten Rätsel nicht bestehen lassen. Rätsel waren – wie für uns – dazu da, um gelöst zu werden.

Orpheus, den Dunklen, interessierten von nun an nur noch die Geheimnisse. Er gründete einen Männerorden. Dort traf er sich mit seinen Freunden, nachts trafen sie sich, er sang ihnen vor. Erzählte ihnen von seiner großen Liebe Eurydike und erzählte ihnen von seinem Besuch in der Unterwelt. Er erinnert uns an mittelalterliche Mönche. Mir fällt die traurige Liebesgeschichte zwischen Abälard und Heloise ein. Auch Abälard konnte seine Heloise nicht bekommen, und auch er hat sich aus der Welt zurückgezogen...

Orpheus muß aber ein sehr attraktiver, schöner, für die Frauen begehrenswerter Mann gewesen sein. Er pflegte zwar nur noch den Umgang mit Männern, aber viele Frauen folgte ihm nach, lauschten von weitem seiner Stimme. Er ließ nicht zu, daß eine Frau vor sein Angesicht trat.

Es wird von dionysischen Festen erzählt, die nachts zu seinen Ehren gefeiert wurden, und irgendwann war es den Frauen vielleicht zuviel geworden, daß Orpheus die Liebe ihrer Männer abgezogen hatte, oder aber sie begehrten ihn selbst so sehr, jedenfalls kam es zur Katastrophe. Die Frauen schlossen sich zusammen, überwältigten die Männer, stürzten sich auf Orpheus und zerrissen ihn. Sie warfen die Teile seines Körpers in den Wald, in den Fluß und hackten ihm zum Schluß den Kopf ab, damit er endlich mit dem Singen aufhöre. – Aber der Kopf des Orpheus sang weiter. – Sie nagelten den Kopf an die heilige Lyra und warfen dieses ganze Singwerk in den Fluß.

Und so trieb der Kopf des Orpheus, genagelt an die Lyra, den Fluß hinunter, Orpheus immer noch singend, nach seiner Eurydike rufend, dazu klang die Lyra des Apoll. Und der Fluß brachte seine Gabe ins Meer, und Lyra und Kopf wurden auf der Insel Lesbos angespült.

Auf Lesbos wurde dem Orpheus ein Tempel errichtet, unaufhörlich sang er weiter, sang weiter, weissagte in seinem Gesang, machte sogar dem Orakel in Delphi Konkurrenz, bis es schließlich seinem Vater, dem Gott Apoll, zuviel wurde, und er sagte, er solle still sein. – Nun schwieg Orpheus endlich.

Aber es gibt da noch eine kleine, sehr schöne Sage: Nämlich an der Stelle, an der Orpheus von den aufgebrachten Frauen erschlagen und zerrissen wurde, soll später einmal ein Hirtenknabe gesessen haben und eingeschlafen sein, und im Traum soll dieser Hirtenknabe zu singen begonnen haben, und zwar so bezaubernd schön, daß die Hirten der Umgebung und die Tiere und vielleicht sogar die Bäume herangekommen seien, um zuzuhören. Und als der Knabe erwachte, sah er all diese Leute und Tiere und Pflanzen um sich, und er hörte nicht auf, mit seiner traumwandlerischen Stimme zu singen, und es heißt, er habe gesungen, als wäre es die unsterbliche Stimme des Orpheus gewesen, der aus dem Totenreich herüberriefe.

Manche behaupten, daß an eben demselben Fluß der erste, der große Dichter des Abendlandes geboren wurde, nämlich Homer. Die Sage behauptet es; genauer muß man sein: *eine* Sage behauptet das. Mir behagt diese Sage. Homer, denke ich mir, wird von der Wiege aus in den Himmel geblickt und dort die Lyra des Orpheus gesehen haben. Denn Zeus selbst soll die Lyra des großes Sängers als Sternbild an den Himmel geheftet haben, und vielleicht hat Homer von dort die Eingebung zu seinen großen Gesängen empfangen...

Europa und ihr Bruder Kadmos

*Von Europa und dem Stier – Von Kadmos und einer
Kuh mit Fleck – Von gesäten Schlangenzähnen – Von
der Errichtung der Stadt Theben – Von einer herrlichen
Hochzeit*

In der Gegend von Palästina, vielleicht siebzig Kilometer
südwestlich von Beirut, lag die Stadt Tyros. In Tyros
herrschte der König Agenor. Er war ein Sohn des Poseidon, des Meeresgottes. Die ganze Welt, samt Himmel
und Unterwelt, wurde ja von den drei Brüdern Zeus, Hades und Poseidon beherrscht. Zeus herrschte über den
Himmel und die Erde, Poseidon über die Gewässer und
Hades über die Unterwelt.

Agenor war ein Sohn des Poseidon, und er hatte eine
lieblich anzusehende, zarte, vielleicht etwas naive Tochter, und diese Tochter hieß Europa. Sie mochte es, mit
ihren Freundinnen am Meer zu spielen. Dort wurde sie
eines Tages von Zeus beobachtet.

Und der Göttervater konnte einem so hübschen Mädchen nicht lange zusehen, ohne daß er von Begierde nach
ihr entflammt wurde, und so geschah es auch bei Europa.
Er sah ihr zu, wie sie mit ihrem Blumenkörbchen über
den Strand tanzte und mit ihren Freundinnen spielte. Da
verwandelte er sich in einen Stier – und zwar in einen sehr
stattlichen, weißen, schneeweißen Stier, dessen Haut von
einer zarten, samtenen Fellschicht überzogen war. Er
stieg aus dem Wasser und trottete über den Strand. In

einigem Abstand vor Europa blieb er stehen, bewegte sich nicht. Die Mädchen erschraken und rannten alle weg. Nur Europa, ich sagte es schon, sie war wohl ein wenig naiv, sie betrachtete voll Erstaunen das gewaltige Tier. Vor allem der Blick dieses Tieres hatte es ihr angetan. Der Stier hielt den Kopf leicht gesenkt, und seine blauen Augen sahen sehr schüchtern und treuselig drein.

Und Europa machte Anstalten, sich dem Stier zu nähern. Der Stier hatte so eine große Halsfalte. Merkwürdigerweise wird überall auf diese Halsfalte hingewiesen, ich weiß gar nicht warum, aber ich tue es hier auch. Er hatte eine große Halsfalte und zierliche Hörner, die aus Edelsteinen waren, und er war ganz zahm. Er ließ sich von Europa streicheln, er legte seinen Kopf an ihre Seite, und schließlich faßte sie Mut und setzte sich auf seinen Rücken. Nun machte der Stier ein paar Schritte, er ging langsam im Kreis umher, und die Mädchen kamen aus ihren Verstecken und freuten sich und wollten auch auf den Rücken des Stiers steigen, aber das ließ der Stier nicht zu. Er drehte sich um und rannte weg und sprang ins Wasser und schwamm davon.

Europa, in der einen Hand hielt sie ihr Blumenkörbchen, mit der anderen Hand klammerte sie sich an einem Horn des Stiers fest, und so schwamm sie auf Zeus' Rücken hinaus und wurde von ihren Gespielinnen nie wieder gesehen.

Wir wissen, der Stier schwamm mit Europa auf seinem Rücken durch das Mittelmeer, und erst in Kreta stieg er an Land. Und wir wissen auch: Europa kehrte nie mehr zu ihrem Vater und zu ihren Brüdern zurück. Agenor, ihr Vater, der seine Tochter über alles liebte, schickte seine

Söhne aus, um sie auf der ganzen Welt zu suchen. Vorübergehend verlassen wir nun das hübsche Mädchen
Europa. Wir können ahnen, was Zeus mit ihr anstellte,
aber wir schieben die Erzählung noch ein wenig hinaus.

Agenor schickte seine Söhne in die Welt, um seine
Tochter Europa zu suchen. Es ist dies ein typischer Fall
von Vergeblichkeit, solche Geschichten kann man in allen Märchen finden, daß Söhne ausgeschickt werden, um
ihre Schwester zu suchen – oder umgekehrt. Zum Beispiel bei den Brüdern Grimm kann man das Märchen von
den sieben Raben nachlesen. Dort sendet der Vater die
Tochter aus, um die sieben in Raben verwandelten Söhne
zu suchen... Und hier also auch.

Es ist für uns gar nicht so wichtig, welche Söhne das
waren. Da gibt es den Phönix – er hat Phönizien gegründet – oder Kilix und Thasos und Phineus, und wie
sie alle geheißen haben. – Nur einer ist wirklich von Be-
deutung und von ihm soll erzählt werden, nämlich von
Europas Bruder Kadmos.

Auch Kadmos machte sich auf den Weg, und er landete in Griechenland. Er war schlauer als die anderen
Brüder Europas. Er dachte sich, ich werde nach Delphi
gehen und mir dort von dem Orakel sagen lassen, wo
meine Schwester ist.

Delphi spielt in der gesamten griechischen Mythologie eine ganz zentrale Rolle, und niemand bis heute weiß
ganz genau, was dort eigentlich geschah. Man weiß nur,
das Orakel, von Apoll selbst eingerichtet, gab nie oder
nur in den seltensten Fällen klare Auskünfte, immer waren die Antworten verrätselt, oft in ironischer Form, und
mit diesen Rätseln mußte man umgehen, diesen Rätseln
mußte man sich stellen. Man kann auch sagen, das war

ein Trick. Wenn die Weissagung nicht eingetreten ist, dann konnte das delphische Orakel immer noch behaupten, gut, du hast mein Rätsel eben nicht verstanden.

Kadmos, der Bruder der Europa, ging also nach Delphi, und die Pythia, die Priesterin, sagte zu ihm: »Hör auf, deine Schwester zu suchen, das hat überhaupt keinen Sinn, du wirst sie nicht finden, und wenn, dann bedeutet es für dich nur Unglück.« – Ist ja klar, Apoll wußte, wer Europa entführt hatte. »Nein«, sagte die Priesterin, »such du Europa nicht! Geh, wohin dich deine Füße tragen, und wenn du auf eine Kuhherde triffst, und in dieser Kuhherde befindet sich eine Kuh, die an ihrer Seite so ein mondförmiges Mal, so einen krummen Fleck hat, dann nimm diese Kuh, gib ihr einen Tritt und folge ihr nach, bis sie vor Erschöpfung zusammenbricht.«

Kadmos tat genau, wie ihm geheißen. Er streifte umher, ging einfach seinen Füßen nach und traf tatsächlich auf eine Kuhherde. Gleich sah er in der Herde ein Tier mit diesem mondförmigen Fleck an der Seite, und er gab dem Tier einen Tritt und folgte ihm nach. Er hetzte es vor sich her, bis es schließlich irgendwo niederbrach. Das Orakel hatte noch gesagt, an der Stelle, wo die Kuh umfällt, dort sollst du, Kadmos, eine Stadt gründen. Und Kadmos gründete an dieser Stelle die Stadt Theben. Und damit eröffnet sich ein ganzer ungeheurer Sagenkreis für uns, nämlich der thebanische Sagenkreis, der unüberschaubar ist, deshalb tun wir schon gar nicht so, als ob wir ihn überschauen könnten, und bleiben vorerst ganz nah bei Kadmos.

Kadmos schlachtete die erschöpfte Kuh und wollte sie den Göttern als Opfer darbringen. Dazu war Wasser nötig. Er ging zur nächsten Quelle, um Wasser zu schöpfen. Aber dort war ein Drache – oder eine Schlange, wie es in einer weniger aufgeregten Version heißt. Und diese Schlange mußte die Quelle bewachen. Kadmos machte kurzen Prozeß: Er erschlug die Schlange, schöpfte Wasser und brachte den Göttern sein Opfer dar.

Aber diese Schlange war eine besondere Schlange. Es war nämlich eine Schlange des Kriegsgottes Ares. Und von diesem Kriegsgott ist für die Menschen niemals aber auch nur irgend etwas Gutes gekommen, und es ist von ihm auch nichts Gutes zu erwarten. Deshalb tauchte schnell Athene auf, um den Schaden zu begrenzen, und sie riet dem Kadmos: »Reiß der toten Schlange alle Zähne aus und säe sie sofort in den Boden! Tu, als ob es Samenkörner wären, säe sie um dich herum in den Boden!«

Kadmos tat, wie ihm geheißen. Er säte die Schlangenzähne aus, und aus den Zähnen wuchsen Männer empor, und diese Männer begannen sofort aufeinander einzuschlagen. Ein prächtiges Bild: Wie Pflanzen wachsen Menschenähnliche aus dem Boden, und sobald sie ihre Wurzeln aufgegeben haben und in Stiefeln dastehen, halten sie schon Schwerter bei sich und sind voll gerüstet und führen Krieg.

Kadmos sah ihnen ganz verwundert zu. Binnen kurzer Zeit war von diesen Männern keiner mehr übrig, alle waren sie tot. Das Spiel gefiel ihm, er hatte noch zwei Handvoll Schlangenzähne übrig, die warf er wieder aus, und wieder wuchsen die Männer empor. Nun, das zweite Mal schienen sie etwas friedlicher zu sein, das gefiel dem Kadmos aber nicht, er warf Steine zwischen sie, und sie beschuldigten sich gegenseitig und fingen wieder an, sich die Köpfe zu spalten.

Aber Kadmos brach das martialische Spiel ab, bevor sie sich alle gegenseitig abgeschlachtet hatten. Er behielt fünf zurück. Er nannte sie die gesäten Männer, weil sie aus den Schlangenzähnen gewachsen waren. Das heißt auf griechisch: *Spartoi.* Das sind die Ahnherren der Spartaner, und die Spartaner waren das kriegerische Volk schlechthin, und sie gehörten von nun an dem Kadmos an.

Wir werden von diesen gesäten Männern noch des öfteren hören, zum Beispiel, wenn von Ödipus erzählt wird. Heute würde man sagen, sie waren menschliche Mordinstrumente, Killermaschinen, diese gesäten Männer der ersten Generation. Sie waren eine fürwahr würdige Brut des Gottes Ares...

Allein, der Kriegsgott war noch nicht zufrieden, und er zürnte dem Kadmos weiter, daß er seine Schlange getötet hatte, und er forderte dafür, daß er ihm diene. Acht Jahre, forderte Ares, solle ihm Kadmos dienen.

Ich habe Ares immer für einen ziemlich dummen Gott gehalten. Ich möchte an dieser Stelle zwei Worte über ihn sagen. Dieser Ares ist der Gott des Krieges, und wir dürfen nicht vergessen, daß der Krieg für die Griechen nicht nur Zerstörung und grausamer Tod war, es war auch eine Art Sport, man muß das wirklich so formulieren. Der Kampf selbst war etwas Herrliches, das Ziel des Kampfes war nicht unbedingt, den Feind zu vernichten, sondern eher, ihn zu verletzen. Er sollte sich von seinen Wunden wieder erholen, damit man erneut auf ihn einschlagen konnte. Das machte Spaß, erleichterte einen. Und dieses Haudegenhafte, das eignet dem Ares. Athene, die Intellektuelle im Olymp, fühlte sich ebenfalls für den Krieg zuständig. Sie verachtete Ares, hielt ihn für einen primitiven Schläger. Sie war die Göttin der kriegerischen Strategie und der Taktik. Von Strategie und Taktik wußte Ares überhaupt nichts, wollte auch nichts davon wissen, er war der bloß Leidenschaftliche, der drauflos schlug. Athene hingegen hielt ihre Freunde an: »Überlege zuerst, was du willst. Ein Gegner ist da, um vernichtet zu werden. Wenn du ihn nicht vernichtest, wird er dich eines Tages vernichten. Also tu du es!« Kadmos war ein Freund der Athene. Ihm war sie gewogen… Wenn also in diesem Götterhimmel eine Gottheit für unseren modernen Vernichtungskrieg steht, dann ist das nicht Ares, sondern dann ist es Athene.

Jedenfalls: Kadmos diente wider Willen diesem verrückten Ares acht Jahre lang. Er tat, was der Gott von ihm verlangte, es waren lauter Verrücktheiten, sie gingen nicht in den Mythos ein, und nach diesen acht Jahren war Ares zufrieden mit Kadmos, und er gab ihm sogar ein Geschenk, nämlich Harmonia, das ist die Tochter, die er zusammen mit Aphrodite hatte.

Und es war das erste Mal, daß ein göttlicher Sproß, eine reine Götterfee, daß die Tochter zweier Olympier einem Sterblichen zur Frau gegeben wurde. Und das war für die Götter Anlaß genug, bei dieser Hochzeit persönlich zu erscheinen. Es muß etwas Furchtbares gewesen sein und gleichzeitig natürlich auch etwas Wunderbares, wenn die ganze Götterschar, dröhnenden Schrittes, vom Olymp heruntermarschierte, Zeus mit verdecktem Angesicht, denn es war verboten und sicher nicht ratsam, dem Göttervater ins Gesicht zu schauen, es hätte zum Wahnsinn geführt. Und so saßen sie auf dem Marktplatz von Theben und feierten die Hochzeit von Kadmos und Harmonia. Und ich muß gleich sagen, diese Ehe war glücklich, sie war gesegnet mit Kindern, und Harmonia und Kadmos wurden am Ende in das Elysium geführt. – Das Elysium liegt außerhalb des Hades, dorthin werden die Seligen verfrachtet, denen man einerseits den Hades nicht zumuten möchte, die man andererseits aber auch nicht im Olymp haben will.

Aber über allen Geschenken der Götter lauert auch ein Fluch. Das kann man sich als Richtschnur für die ganze Mythologie nehmen: Wenn dir die Götter etwas Gutes tun, dann paß auf, paß auf, es ist ein Haken dabei. Am besten ist, die Götter ignorieren dich. – Nun, Harmonia und Kadmos wurden nicht von den Göttern ignoriert, sie wurden reich mit einem erfüllten Leben beschenkt; aber all ihre Kinder waren zutiefst unglücklich, sie nahmen sich das Leben oder verfielen dem Wahnsinn, wie Semele, die unbedingt das Angesicht ihres Liebhabers Zeus sehen wollte.

Das war die Geschichte von Kadmos, der ja eigentlich seinen Weg angetreten hatte, um seine Schwester Europa zu suchen, die an jenem verhängnisvollen Tag mit dem weißen Stier ins Wasser gestiegen war.

Kreta

Kehren wir zu Europa zurück.

Das naive, hübsche Mädchen Europa wurde von Zeus, dem weißen Stier, durch das Meer nach Kreta getragen. Und dort am Strand verwandelte sich Zeus abermals, diesmal in einen Adler, er legte seine dunklen Schwingen über die kleine Europa und – und hier gehen die Meinungen auseinander: vergewaltigte sie, sagen die einen, liebte sie, sagen die anderen. Normalerweise spielt es keine so große Rolle, für welche Interpretation man sich entscheidet; in diesem Fall lege ich Wert darauf. Die anderen sagen: Nein, er vergewaltigte sie nicht, es war eine Liebesbeziehung, Europa verliebte sich ihrerseits ebenfalls in ihren Entführer. Ich bin der Meinung, es ist schon entscheidend, ob unser Kontinent als Folge einer Vergewaltigung entstanden ist oder aus Liebe. Die Zyniker werden sagen: Schau dir doch die Geschichte Europas in den letzten paar tausend Jahren an, was soll das andres gewesen sei als eine Vergewaltigung. Europa ist vergewaltigt worden, und Europa hat dann im Laufe seiner Geschichte die ganze Welt vergewaltigt. Das sagen die Zyniker. Ich bin kein Zyniker, und deshalb neige ich mehr zu der Liebesgeschichte. Immerhin hat Europa ihrem göttlichen Liebhaber drei Söhne geschenkt, und ich kann nicht glauben, daß drei Söhne nur aus Vergewaltigungen entstanden sind.

Der dritte Sohn wurde von der Mythologie vernachlässigt. Die ersten beiden Söhne sind wichtig: Minos und Rhadamanthys. Minos steht für den Beginn eines neuen Sagenkreises. Wir haben auf der einen Seite den thebanischen Sagenkreis, und hier haben wir den minoischen, den kretischen Sagenkreis.

Diese beiden Söhne der Europa, Minos und Rhadamanthys, hatten von Kindesbeinen an miteinander Streit. Sie waren sich nie einig. Wenn der eine etwas tat, hielt der andere Gericht über ihn und verurteilte ihn, und umgekehrt. Und einmal gab es einen offenen Konflikt, da waren sie schon halbwüchsig, sie verliebten sich beide in denselben Knaben. Minos war der Stärkere, er vertrieb Rhadamanthys von Kreta, er solle sich nie wieder auf der Insel blicken lassen. Rhadamanthys floh nach Griechenland, und als er starb, wurde er in der Unterwelt als Richter über die grauen Seelen eingesetzt.

Minos herrschte von nun an über Kreta. Seine Mutter Europa blieb bei ihm, er hielt sie gezwungenermaßen in Ehren. Er hätte sie gerne losgehabt, sie ließ sich nicht von ihm beherrschen, folgte ihm nicht, mischte sich in seine Macht ein und kritisierte bei jeder Gelegenheit seine Führung des Landes. Minos war in Wahrheit voller Haß gegen seine Mutter. Aber er hielt sich von ihr fern, mied offenen Streit, denn Europa hatte von ihrem Geliebten, von Zeus, drei Geschenke bekommen: Das erste war ein Speer, der immer traf, ganz egal, wie ungeschickt der Werfer war, und ich nehme an, daß Europa, die so gern

Blumen pflückte, sehr ungeschickt im Werfen von Spee-
ren war. Als zweites Geschenk hatte sie einen äußerst bös-
artigen bissigen Hund von Zeus bekommen, den schnell-
sten Hund, den es auf der ganzen Welt gab. Die dritte
Liebesgabe war ein Bronzemann, der nichts anderes tat,
als täglich drei- bis sechsmal im Laufschritt um die Stadtmauern zu dampfen, um jedem möglichen Feind von
vornherein die Lust zur Eroberung zu vermiesen. Vor diesen drei Geschenken des Zeus fürchtete sich Minos, und
deshalb hütete er sich davor, Europa, seine Mutter, allzusehr zu reizen.

Minos wurde König von Kreta, nachdem er seinen
Bruder Rhadamanthys von der Insel verjagt hatte. Als
Rhadamanthys bald darauf starb und in den Hades ein-
ging, machte ihn Zeus zum Richter über die Schatten.
Dem Minos schenkte der oberste Gott die Gesetze, mit
Hilfe derer er sein Reich regieren sollte. Minos war nie-
mand anderem verantwortlich als Zeus, seinem Vater.
Und die Kreter zweifelten nicht an diesen Gesetzen, denn
ihnen war klar, ihr König ist der Sohn des höchsten
Gottes, und darauf waren sie stolz.

Kreta ist umspült vom Meer. Der Gott des Meeres aber
war Poseidon. Und Poseidon sah es auf die Dauer wohl
nicht gerne, daß dieser Minos nur seinem höheren Bruder Zeus diente. Immerhin, sagte sich Poseidon, immerhin lebt er ja auf einer Insel, und Inseln gehören zu
meinem Einflußbereich. Und er war eifersüchtig. Poseidon war eifersüchtig, und Zeus, der die Launen seines Bruders kannte, riet Minos, doch auch ab und zu
zum Gott des Meeres zu beten, und Minos tat das. Er
tat das ungern. Aber er tat es. Außerdem kostet Beten
nichts.

Da war aber auch noch der Sonnengott Helios, der mit seinen Strahlen die Insel wärmte und die Frucht gedeihen ließ. Helios wünschte sich ebenfalls die Aufmerksamkeit des Minos. Gut, Minos betete auch zu ihm, und weil Helios darüber so gerührt war – der Sonnenkult war nicht sehr verbreitet in dieser Gegend –, schenkte ihm Helios seine Tochter Pasiphaë zur Frau. Minos nahm das Geschenk an, er wollte es eben allen recht machen.

Um Pasiphaë wehte von Anfang an ein tragisches Geschick. Sie gebar dem Minos etliche Kinder, darunter Phaedra und Ariadne. Oft ist es so, daß die grausamsten Schläge des Schicksals nicht die erste Generation treffen, sondern die Kinder, die an der Schuld ihrer Eltern gar nicht teilgehabt haben. Sie bekommen dann die volle Wucht der Rache der Götter ab. Phaedra und Ariadne wurden nicht glücklich. Phaedra wurde die Frau des Athenerkönigs Theseus, aber sie verliebte sich in einen seiner Söhne, aus erster Ehe, einen vierzehnjährigen Knaben. Und der war entsetzt darüber, daß ihn seine Stiefmutter begehrte, und er meldete es seinem Vater. Er verspottete seine Stiefmutter, die ihm wohl zu alt und auch zu häßlich war. Phaedra war gedemütigt und entsetzt, und sie stritt alles ab. Sie behauptete vor ihrem Mann, der Knabe habe sie verführen wollen, und als Theseus ihr nicht glaubte, nahm sie sich das Leben. – Die andere Tochter der Pasiphaë und des Minos, Ariadne, wurde ebenfalls die Frau des Theseus.

Minos, sagten wir, sah sich gezwungen, auch dem Gott des Meeres, dem Gott der Gewässer, Poseidon, seinen Respekt zu erweisen und zu ihm zu beten. Das aber war Poseidon bald zuwenig. Er sah ja, daß seinem Bruder Zeus geopfert wurde. Also forderte er ebenfalls ein

Opfer. Er forderte von Minos einen Stier. Der Stier ist das Wappenzeichen der Kreter. Zeus war in einen weißen Stier verwandelt, als er mit Europa auf dem Rücken auf der Insel landete.

»Genau so einen Stier will ich geopfert bekommen«, ließ Poseidon verlauten. Der Meergott war immer eifersüchtig gewesen auf seinen viel größeren, viel mächtigeren Bruder.

»Woher soll ich so einen weißen Stier nehmen«, fragte Minos.

Gut, da hat Poseidon eben ein bißchen nachgeholfen. Er formte aus dem weißen Gischt der Wellen einen Stier nach Maß und ließ ihn aus dem Wasser steigen. Aber Minos, der sich nur vor seinem Vater Zeus fürchtete und sonst vor niemandem, dem gefiel dieser Stier selber so gut, und er dachte sich: »Ach was, der dumme Gott Poseidon wird's nicht merken, ich führe dieses herrliche Tier in meine Stallungen und opfere irgendeinen anderen Stier, einen alten, kranken, ausgedörrten.« – Und so tat er es auch und forderte damit das Schicksal heraus.

Poseidon durchschaute die List und bestrafte den Minos. Aber er strafte ihn nicht direkt. Ich meine, er hätte ihn ja mit seinem Dreizack erschlagen können, er hätte ihn mit einer Flutwelle vom Strand wegspülen können, wenn Minos dort spazierenging. Nein, er rächte sich auf viel raffiniertere Art und Weise – auf sehr teuflische Art und Weise, würde man gern sagen, wenn man nicht wüßte, daß die Griechen die Figur des Teufels nicht kannten. Poseidon machte, daß Pasiphaë, die Frau des Minos, die Tochter des Sonnengottes Helios, sich in ebendiesen weißen Stier verliebte.

Pasiphaë verliebte sich nicht nur in ihn, sondern sie begehrte ihn sexuell, und zwar auf eine äußerst leidenschaftliche Art. Sie erzwang sich Eintritt zu seinem Stall. Sie liebkoste das schöne Tier und wollte, daß dieser Stier sie bestieg. Nur, aus rein anatomischen Gründen war das ziemlich schwierig. Aber der Zufall wollte es, daß sich zu dieser Zeit der bedeutendste Erfinder des Altertums auf Kreta aufhielt, nämlich Daidalos. Und so ging Pasiphaë in ihrer sexuellen Not zu Daidalos und sagte zu ihm, er solle ihr helfen.

Daidalos ist das Urbild des Technikers, der die Errungenschaften seiner Profession wertneutral sieht. »Verantwortung trägt der, der eine Erfindung anwendet, nicht der Erfinder«, pflegte er zu sagen. »Die Technik ist moralisch neutral.« Also nicht das Maschinengewehr als solches ist verwerflich, sondern lediglich seine Anwendung kann es sein. – Daidalos wußte fast immer Rat.

Auch der Pasiphaë konnte Daidalos helfen. Er baute ihr eine Kuh aus Holz, die innen hohl war, und legte die Betriebsanleitung gleich mit dazu. Es war unten eine Klappe eingebaut. Dort konnte sich Pasiphaë hineinlegen und den Stier erwarten.

Diese unglückliche Frau! Man muß dazu sagen, diese in mehrerer Beziehung unglückliche Frau, denn bevor sie der Gott des Meeres in dieses besessene, von monströsen Phantasien heimgesuchte Wesen verwandelt hatte, litt sie sehr darunter, daß ihr Gatte Minos sie ununterbrochen mit anderen Frauen betrog.

Aus der Verbindung von Pasiphaë und dem Stier erwuchs ein tatsächliches Monstrum, der Minotauros. Der Minotauros war ein Knabe mit dem Kopf eines Stiers. Er war gefährlich, sah unbeschreiblich häßlich aus und war ein immer gegenwärtiger Beweis des perversen Fehltritts der Pasiphaë.

Der Minotauros war ein Problem. Er fiel die Leute auf den Straßen an. Aufruhr drohte. Daidalos wurde wieder um Rat gefragt, diesmal von Minos.

»Weißt du einen Ausweg«, fragte Minos. »Dieses Untier ist mein Stiefsohn, meine Frau hat ihn geboren.«

Daidalos sagte: »Ich baue ihm ein Gefängnis. Dann sind wir sicher vor ihm.«

Daidalos ließ ein Labyrinth bauen, in das er den Minotauros sperrte. In der Mitte des Labyrinths, wie eine Spinne im Netz, saß das Ungeheuer und fand sich in den verschiedenen Gängen und Winkeln nicht zurecht.

Aber, wie gesagt, dieser Minotauros war ein gefräßiges Wesen, das am liebsten Menschenfleisch mochte. – Wieder ein Problem.

Daidalos sagte: »Menschen kann ich leider keine machen, jedenfalls keine echten, die man fressen kann.«

»Also, was soll ich tun«, fragte Minos.

»Menschen einfangen wäre, rein sachlich betrachtet, eine Lösung«, sagte Daidalos.

Minos war gezwungen, Kriege zu führen, um Lebendfutter für dieses Untier herbeizuschaffen.

Unter anderem kam er in dieser Angelegenheit auch nach Athen. Er wollte die Stadt einnehmen, wollte dort junge Männer und junge Frauen gefangennehmen. Aber Theseus, Prinz von Athen, leistete Widerstand, und er war ein viel besserer Krieger, und so mußte sich Minos zurückziehen. Er betete zu seinem Vater, dem obersten Gott Zeus, er möge ihm die Schande ersparen, ohne Sieg nach Hause zurückzukehren, er möge Athen in die Knie zwingen. Und Zeus, obwohl er über das Ziel dieses

Kriegszuges unterrichtet war, hatte ein Einsehen und schickte die Pest nach Athen, und die Athener ergaben sich.

Minos handelte nun mit Theseus aus, daß jedes Jahr neun Jungfrauen und neun Jünglinge nach Kreta geschickt werden sollen, um dem Minotauros zum Fraß vorgeworfen zu werden.

Das war natürlich ein gewaltiger Blutzoll, den die stolze Stadt Athen der Insel Kreta zu zahlen hatte. Theseus, der weithin berühmte Held, konnte eine solche freche Provokation nicht auf sich sitzen lassen.

»Wir können nicht anders«, sagte Minos. »Wir selbst sind Geiseln des Minotauros.«

Theseus zog nach Kreta, weil er sich sagte, man muß das Übel an der Wurzel packen.

»Wir können nicht anders«, sagte er zu Minos, »ich muß den Minotauros töten.«

Minos hatte nichts dagegen. Das Untier war eine Plage. Diese Plage war nicht loszuwerden, davon war er überzeugt. Sie war ihm und der Insel auferlegt worden vom Gott des Meeres. Wenn da ein Tollkühner kam, einer wie Theseus, und meinte, er könne das Übel ausrotten, bitte, da hatte er nichts dagegen. Mithelfen wollte er dabei allerdings nicht.

Er sagte: »Geh du hinein in das Labyrinth, du allein. Wenn du ihn findest, dann töte ihn, und dann komm wieder heraus.« – Und dachte sich: Wenn du wieder herausfindest. Und dachte sich: Wenn er nicht wieder herausfindet, um so besser, dann kassiere ich Athen gleich mit. Er rieb sich die Hände, weil er genau wußte: Der beste Ingenieur hatte dieses Labyrinth gebaut, aus diesem Labyrinth konnte niemand herausfinden.

Aber Theseus traf in der Tochter des Minos eine Ver-
bündete. Ariadne gab ihm ein großes Wollknäuel. Er befestigte das eine Ende am Eingang des Labyrinths und
rollte, während er hineinging, den Faden vom Knäuel ab,
so daß er wieder zurückfand, indem er einfach dem Faden folgte. Das ist der berühmte Ariadnefaden. Noch
heute ist dieser Faden sprichwörtlich, wenn man sagt: Du
hast dich in eine Sache hineinbegeben, aus der du nicht
mehr herausfindest. Du hast vergessen, einen Ariadnefaden mitzunehmen.

Und nun wiederum die Frage: Wer hat Ariadne auf die
Idee mit dem Faden gebracht? Klar, es war Daidalos.

Daidalos hat als Vorbild durch die ganze Antike ge-
wirkt. Zum Beispiel hat der Philosoph Sokrates von sich
aus, teils ironisch und augenzwinkernd, teils aber durchaus ernsthaft, behauptet, er sei ein direkter Nachfahre
dieses Daidalos.

Daidalos heißt soviel wie der Einfallsreiche. Er war
eigentlich Bürger von Athen. Daß er sich zu jener Zeit in
Kreta aufhielt, hat eine ganz besondere Geschichte als
Grund, und die möchte ich hier kurz erzählen:

Daidalos war der berühmteste Erfinder, aber auch der
berühmteste Bildhauer und auch der berühmteste Maler
von Athen. Man sagte von ihm, er habe seine Bilder so
naturgetreu gemalt und seine Statuen so naturgetreu aus
dem Stein gehauen, daß, wenn diese Kunstwerke in
Menge auf dem Marktplatz standen, sich die Bevölke-
rung einbilden konnte, sie sei um ein Vielfaches gewachsen, und es soll Politiker gegeben haben, die sich diese Il-
lusion zunutze machen wollten und den Daidalos baten,
er möge großes Volk auf den Platz stellen, wenn sie ihre
Kundgebungen abhielten. – Daidalos pflegte, wie gesagt,

alles zu tun, was von ihm verlangt wurde. Probleme waren da, um gelöst zu werden…

Daidalos hatte einen Neffen, der hieß Perdix, er war der Sohn seiner Schwester, und diesen Neffen führte er in die Kunst des Erfindens, in die Ingenieurskunst, die Bildhauerei, die Malerei ein. Dieser Perdix war äußerst geschickt. Er hätte das Zeug gehabt, ein noch größerer, noch bedeutenderer Erfinder zu werden als sein Onkel. Er hat unter anderem die Säge erfunden, da war er noch ein Knabe. Er ging am Strand spazieren und sah einen von Vögeln zusammengefressenen Fisch, sah die bloßen Gräten und dachte sich: »Wenn die Gräten aus Metall wären, könnte man damit Holz durchschneiden.«

Er hat auch den Zirkel erfunden. Man stelle sich vor, den Zirkel! Ohne Zirkel, dieses genial einfache Gerät, ist angewandte Geometrie gar nicht denkbar! Zuletzt hat er auch noch die Töpferscheibe erfunden.

Also ganz grundlegende Erfindungen waren es, die Perdix, der Neffe des Daidalos, der Menschheit geschenkt hat. Wir können uns denken, wie Daidalos darauf reagierte. Vielleicht war er am Anfang stolz, daß sein Neffe so fix und zügig lernte. Aber ich würde sagen, spätestens nach Zirkel und Töpferscheibe war es mit dem Stolz vorbei, und der Neid stieg in ihm hoch. Er lockte den Knaben ans Meer, weil er ihm angeblich etwas zeigen wollte. Er wolle ihn, sagte er, einführen in die Berechnung der Entfernung. Die Griechen wußten ja, daß die Erde eine Kugel war. Er wolle ihm, sagte er, eine Aufgabe stellen.

»Was denkst du, wo ist zwischen dir, der du hier an der Klippe stehst, und dem Horizont draußen im Meer die Mitte?«

Perdix wußte es sofort, er sagte: »Da die Erde gekrümmt und der Blickstrahl eine Tangente ist, die sich der Krümmung der Erde angleicht, wird sich diese lange Strecke, wenn wir die perspektivische Verkürzung berücksichtigen, für das Auge so zusammenstauchen, daß ihre Halbierungslinie ungefähr mit der Horizontlinie zusammenfällt.«

Da hat es den Daidalos fast umgehauen, so entsetzt war er über die Klugheit und das Wissen, über die unbestreitbare Genialität seines Neffen, und er gab ihm einen Stoß, und Perdix fiel über die Klippe.

Aber dieser Perdix hatte eine Förderin im Himmel, nämlich die Göttin Pallas Athene höchstpersönlich. Athene hatte es immer mit den ganz Schlauen, mit den ganz Gescheiten, sie fing den Knaben auf, verwandelte ihn noch in der Luft in ein Rebhuhn, und so überlebte Perdix den Sturz von der Klippe.

Daidalos aber wurde in Athen vor Gericht gestellt und des Mordes angeklagt. Er wurde für schuldig befunden und aus der Stadt verwiesen – was die schlimmste Strafe für einen Athener war. Er wurde zu den Wilden auf die Insel Kreta verbannt. Dort kam er mit seinem Sohn Ikaros an und bot der königlichen Familie sich und seine Dienste an. Für Pasiphaë baute er die Kuh, für Minos errichtete er das Labyrinth, Ariadne spendierte er den Trick mit dem Wollknäuel.

Wir waren bei Theseus stehengeblieben. Theseus begab sich also in das Labyrinth, er fand den Minotauros und erschlug ihn. Er befreite die Stadt und den Weltkreis von diesem Ungeheuer und verließ zusammen mit Ariadne die Insel Kreta.

Minos brauchte keine Recherchen anzustellen, wer

seine Tochter auf die Idee mit dem Wollfaden gebracht hatte, solche Ideen hatte nur einer in der Welt, nämlich Daidalos. Minos war ungeheuer erbost darüber, daß sich der Erfinder nicht nur von ihm verwenden ließ, sondern daß er sich jedem anbot, und er sagte: »Du sollst mit deinem Sohn in dieses Labyrinth gesperrt werden. Schau zu, wie du wieder herauskommst.«

Daidalos hatte dieses Labyrinth sehr raffiniert gebaut, aber er konnte sich die Pläne nicht merken, das war seine schwache Stelle, das Gedächtnis. Das Labyrinth war ein komplizierter Schaltkreis, würde man heute sagen, und mittendrin saßen nun Daidalos und sein Sohn Ikaros. Sie saßen im Labyrinth, und über ihnen kreisten die Vögel.

Diese Vögel aber, weil sie so gierig in der Luft zappelten, verloren Federn. Daidalos sammelte die Federn auf, studierte ihre Form und stellte fest, daß sie unten flach und oben gebogen waren. Weil der Wind im Labyrinth um die Ecken pfiff, sah er, daß die Federn hochgehoben wurden, und er stellte fest, daß dies aus ebendem Grund geschah, weil sie oben gebogen und unten flach waren, und er entdeckte somit das Prinzip des Flügels.

Nun machte er sich daran, aus den vielen Federn, die vom Himmel fielen, für sich und seinen Sohn Ikaros Flügel zu bauen. Er leimte die Federn mit Wachs zusammen, mit dem Wachs der Kerzen, die in den Ecken des Labyrinths steckten. Und schließlich hatte er Flügel gebaut.

Er unterwies seinen Sohn Ikaros und sagte: »Paß auf, wenn wir von dieser Insel wegfliegen: Wir müssen über Wasser fliegen. Flieg also nicht zu tief, damit deine Flügel nicht am Wasser streifen und sich vollsaugen. Aber

fliege auch nicht zu hoch, dort oben sind die Sonnenstrahlen nämlich zu heiß, und das Wachs wird schmel-
zen. Halte den Mittelweg.«

Aber Ikaros war ein leidenschaftlicher junger Mann,
und er flog sehr hoch hinaus. Es war wunderbar, die Insel von oben zu sehen. Er kam der Sonne zu nahe, ihre
Strahlen lösten das Wachs auf, und Ikaros stürzte ab. Als
er auf der Wasseroberfläche aufschlug, heißt es, sei da ein
Rebhuhn vorbeigeflattert, das war der kleine Perdix, der
Vetter des Ikaros, und dieses Rebhuhn habe schrecklich
gelacht.

Daidalos versteckte sich nun bei einem ihm ver-
pflichteten König, denn Minos, das wußte er, würde
ihn überall verfolgen. Da kam Minos selbst eine Idee:
Er ließ überall verkünden: »Ich, Minos von Kreta, gebe
der Welt ein Rätsel auf: Wer einen Faden durch eine
Schneckenmuschel ziehen kann, den werde ich reich be-
lohnen.«

Und siehe da: Einer konnte es, es war ein König von
irgendwo. Aber Minos wußte: Kein König von irgendwo
kann das, nur einer kann das, nur Daidalos kann das.
Wenn da ein König ist, der behauptet, er könne das, dann
ist Daidalos bei diesem König untergekrochen. Und so
hat er ihn gefunden. Aber dieser König von irgendwo
wollte natürlich den Daidalos für sich behalten, diesen
großen Erfinder, man stelle sich vor, was so einer wert
ist, und er verbrühte den Minos mit heißem Wasser, und
so endet die Geschichte des Minos. Sein Vater Zeus hatte
wohl die Geduld und auch das Interesse an ihm verloren.
Aber über der Wiege unserer Kultur prangt auch sein
Name. Eine der Wurzeln des Abendlandes ist die minoi-
sche Kultur Kretas.

Und wie hat Daidalos die Aufgabe des Minos gelöst? Er hat den Faden an den Hinterleib einer Ameise gebunden und sie durch die Muschel kriechen lassen.

Ödipus

Von Laios und Iokaste – Von durchstochenen Füßchen
– Von der Sphinx – Von der Pest – Von der Wahrheit –
Von durchstochenen Augen – Von einer treuen Tochter
– Von einer treuen Schwester – Von verfeindeten
Brüdern – Von einem harten Vater – Vom Tod – Von
einem, der schon Frau und Mann war

Ödipus ist im zwanzigsten Jahrhundert die bekannteste
Gestalt der griechischen Mythologie, vor allem wohl deshalb, weil Sigmund Freud den Trieb des männlichen Kindes, seine eigene Mutter zu besitzen und den Vater zu hassen, nach ihm benannt hat.

Es ist in der Tat eine der traurigsten und grausamsten
Geschichten, die die griechische Sagenwelt zu bieten hat.
Beginnen wir bei Ödipus' Mutter und Ödipus' Vater.
Denn von ihnen beiden rührt der Fluch her, der das
Drama dieses Helden ausgelöst hat.

Ödipus' Mutter ist Iokaste, sie ist eine Nachfahrin der
gesäten Männer. Erinnern wir uns: Diese gesäten Männer sind die Vorfahren der Spartaner, sie wuchsen wie
Pflanzen aus dem Boden, als Kadmos Schlangenzähne
säte. Iokastes Bruder war Kreon, auch er wird in dieser
Tragödie noch eine wichtige Rolle spielen.

Der Vater von Ödipus war Laios. Er wäre der recht-
mäßige Anwärter auf den thebanischen Thron gewesen, aber er wurde vertrieben und fand bei König
Pelops Unterschlupf. Pelops – über ihn werden wir später noch ausführlich berichten – hat den Laios verwöhnt, hat ihn behandelt wie einen Bruder. Aber Laios

hat diese Gastfreundschaft nicht in gebührender Art und Weise zurückerstattet; im Gegenteil: Er verging sich an dem jüngsten und hübschesten Sohn des Pelops, nämlich an Chrysippos. Er verführte ihn und hat ihn schließlich, als er den Schutz des Pelops nicht mehr benötigte, mitgenommen in seine Heimatstadt Theben.

Das sah die Göttin Hera oben im Olymp nicht gern. Wir würden irren, wenn wir annähmen, daß sie etwas gegen Homosexualität hatte, das hatte Hera gewiß nicht; denn um sie herum im Götterhimmel wie auf Erden bei den Heroen und natürlich auch bei den Menschen war Homosexualität sehr verbreitet. Diese Art der Liebe wurde als die eigentliche Liebe zur Schönheit angesehen, und es galt als ehrenvoll, sich ihr vorzugsweise in einem Nebenverhältnis hinzugeben. Hera hatte etwas dagegen, weil sich Laios seiner Frau wegen Chrysippos verweigerte. Iokaste hatte sich bei der Göttermutter beschwert und um ein kräftiges Zeichen gebeten. Und Hera schickte die Sphinx auf Theben.

Die Sphinx lauerte vor dem Stadttor von Theben und versetzte die Bürger in Schrecken, und der Rat der Stadt forderte Laios auf, seinen Geliebten Chrysippos unverzüglich nach Hause zurückzuschicken und endlich wieder mit Iokaste das Lager zu teilen.

Nach langem Zögern gab Laios nach. Er schickte Chrysippos zu Pelops zurück.

Aber die Sphinx blieb. Die Bürger der Stadt meinten, der Grund dafür sei wohl, daß Laios nur den ersten Teil ihrer Forderung erfüllte hätte, und sie wollten einen Beweis dafür haben, daß Laios mit Iokaste ehelich verkehre. Man wollte ein Kind sehen.

Aber die Ehe blieb unfruchtbar. Und die Sphinx lauerte weiter vor dem Stadttor von Theben.

Iokaste war verzweifelt. Sie forderte ihren Mann auf, er solle sich auf den Weg nach Delphi zum Orakel machen, um in Erfahrung zu bringen, warum sie von ihm keine Kinder bekommen könne.

In Delphi gibt der Gott Apoll in oft verrätselten Worten Antwort auf die Fragen von Hilfesuchenden. Laios pilgerte also nach Delphi und fragte: »Was ist der Grund dafür, daß Iokaste und ich keine Kinder kriegen können?«

Die Pythia, die Priesterin in Delphi, die über einem Spalt in der Erde sitzt und so die Weisheit der alten Gaia in sich aufnimmt, wandte ihr Gesicht ab und sagte zu Laios: »Sei froh, daß deine Ehe bisher unfruchtbar geblieben ist! Hüte dich davor, einen Sohn zu zeugen, denn er wird dich töten.«

Mit dieser erschreckenden Nachricht, die nicht einmal verschlüsselt, die ganz offen als Warnung ausgesprochen worden war, kehrte Laios zurück zu Iokaste und eröffnete ihr, daß er nie mehr ihr Bett teilen werde.

Iokaste wird wohl zuerst auch erschrocken über diesen Orakelspruch gewesen sein, und sie war wohl damit einverstanden, in Zukunft auf den ehelichen Verkehr zu verzichten. Aber sie wußte, wie das Orakel in Delphi funktionierte, und es kam ihr bald schon merkwürdig vor, wie offen der Gott durch die Pythia zu ihrem Mann gesprochen hatte. Schließlich verdächtigte sie ihren Mann, diesen Spruch erfunden zu haben, um nicht mit ihr schlafen zu müssen, denn sie wußte ja, wie leidenschaftlich Laios die Knaben liebte.

Iokaste litt. Sie schlief in einem anderen Bett, schlief

in einem anderen Raum, lag nachts wach. Dann hielt sie es nicht mehr aus. Sie machte ihren Mann betrunken und schlich sich in der Nacht auf sein Lager. Sie wurde schwanger, und neun Monate später gebar sie Ödipus.

Laios war außer sich – und er machte mit diesem Neugeborenen etwas, was in so vielen Märchen mit Neugeborenen geschieht: Der Vater setzte den kleinen Knaben im Wald aus. Vorher aber durchstach er ihm die Füßchen und band sie durch die Wunden zusammen. Was das zu bedeuten hat, ist schwer zu beantworten. Manche Autoren meinen, Laios wollte damit verhindern, daß nach dem Tod des Kindes – er war davon überzeugt, daß Ödipus in der Wildnis sterben würde – sein Geist ihn, den Vater, nicht weiter würde verfolgen können. Wie auch immer: Von diesen durchstochenen Füßchen hat Ödipus seinen Namen. Ödipus heißt: Schwellfuß.

Laios übergab das Kind einem Diener – genauso, wie es in den Märchen auch immer der Fall ist. Diese Diener haben alle ein gutes Herz, oder zumindest haben sie sich einen letzten Kern von Anstand bewahrt, oder vielleicht ist es auch nur deswegen, weil der Diener einen langen Weg in den Wald gehen muß, und wenn jemand einmal einen Säugling eine Stunde lang getragen hat, dann ist er nicht mehr in der Lage, ihn den wilden Tieren vorzuwerfen.

Jedenfalls: dieser Diener war auch nicht dazu in der Lage. Er übergab das Bündel unterwegs irgendeinem Hirten und sagte: »Da ist ein Kind drin eingewickelt. Dieses Kind soll dem Tod überantwortet werden. Mach du mit dem Kind, was du willst. Ich werde meinem Herrn melden, ich hätte getan, was er mir befohlen hat.«

Wir kennen viele solche Geschichten. Zum Beispiel bei den Brüdern Grimm kommen sie immer wieder vor – denken wir an das Märchen vom Mädchen ohne Hände oder an Schneewittchen. Diese Geschichten sind Zeugnisse grausamer Armut. Die Menschen konnten ihre Kinder nicht ernähren, sie setzten sie aus und erfanden diese Märchen, vielleicht um ihr schlechtes Gewissen zu beruhigen – denn diese Märchen gehen alle gut aus, für die Ausgesetzten.

Der Hirte in unserer Geschichte brachte den kleinen Ödipus zu seinem König, zu Polybos von Korinth, und er sparte nicht mit der Wahrheit und erzählte haarklein, was vorgefallen war.

Dieser König, er war ein gütiger König, und auch die Königin war gütig, und die beiden verliebten sich auf Anhieb in dieses Knäblein, das sie aus seinem Windelkissen heraus anstrahlte, und sie sagten: »Wir werden diesen kleinen Buben an Kindes statt annehmen.«

Die Königin hatte sich sogar einen schönen Trick ausgedacht, um ihr Volk zu täuschen. Sie tat so, als ob sie schwanger wäre, und ging mit ihren Freundinnen und dem Hofstaat hinunter zum Wasser und führte sich auf, als ob sie gebären würde. Und plötzlich hielt sie dieses fixfertige Knäblein im Arm. Eine andere Version erzählt, die Königin habe unten beim Fluß so getan, als ob sie das Kindlein in einem Korb aus dem Fluß gezogen habe. Dabei müssen wir natürlich an das Schicksal des kleinen Moses denken.

Polybos und seine Frau nahmen den Ödipus bei sich auf, und Ödipus wuchs bei ihnen heran, und er war stets der Meinung, daß Polybos und die Königin seine rechtmäßigen Eltern seien. So wurde aus ihm ein junger Mann, ein sehr starker, sehr kluger, trotz seiner Jugend weiser Mann, vielleicht ein etwas zu melancholischer, zur Schwermut neigender junger Mann.

Eines Abends bei einem Fest kommt ein Bursche zu ihm und sagt, ohne jede böse Absicht, aber doch der Wahrheit entsprechend: »Ödipus, du siehst sehr schön aus, du siehst sehr klug aus, aber wie deine Eltern siehst du nicht aus! Du siehst weder deiner Mutter ähnlich noch deinem Vater.«

Und damit pflanzte er einen bösen Zweifel in das Herz des Ödipus, und als die Gesellschaft später bei Tisch saß – Ödipus hatte seinen Platz neben König und Königin –, da betrachtete er im Spiegel an der gegenüberliegenden Wand seine vermeintliche Mutter, seinen vermeintlichen Vater und sich selbst. Und er mußte sich sagen: Dieser junge Bursche hatte recht.

So machte sich Ödipus ebenfalls auf den Weg nach Delphi, um das Orakel zu befragen. Er wollte wissen, was mit ihm sei.

Kaum hatte er den Schrein der Priesterin betreten, da geschah etwas, was in Delphi noch nie geschehen war und auch nie wieder geschehen würde: Die Pythia verweigerte ihm jede Auskunft. Sie ließ ihn nicht ein und rief: »Hinweg, du Elender, du wirst deinen Vater töten, und deine Mutter wirst du heiraten! Ein unaussprechlicher Fluch lastet auf dir! Hinweg! Wenn du der Menschheit etwas Gutes tun willst, dann geh in den Tod!«

Ödipus war furchtbar erschrocken, er war noch ein junger Mann, vor allen Menschen liebte er seinen vermeintlichen Vater Polybos am meisten, und er wollte auf gar keinen Fall Unglück über König und Königin bringen. Aber sterben wollte er natürlich auch nicht.

So beschloß er, in die Welt hinauszuziehen. Er wollte nie mehr zurückkehren nach Korinth.

Traurig wanderte er durch die Welt, und eines Tages auf seiner Wanderschaft traf er an einer schmalen Wegstelle auf ein Pferdegespann. Nun muß dazu gesagt werden, daß Ödipus wohl ein melancholischer Charakter war, aber er war doch auch einer, der ein natürliches Gespür für Recht und Unrecht besaß und es nicht zuließ, daß ihn jemand beleidigte, und der es auch nicht zuließ, daß sich irgend jemand über ihn stellte. – Auf diesem schmalen Weg kam ihm dieses Fuhrwerk entgegen, und auf diesem Fuhrwerk standen mehrere Männer in Lederrüstungen, und hinten, auf einem protzigen Thron, saß ein alter Mann, der sagte:

»Verschwinde! Geh aus meinem Weg, ich bin höher gestellt als du, geh du auf die Seite, ich werde es bestimmt nicht tun!«

Ödipus wäre selbstverständlich zur Seite getreten, wenn ihn dieser Mann höflich gefragt hätte, wenn er darum gebeten hätte, aber diesem Befehlston wollte er auf gar keinen Fall gehorchen.

»Hör zu, alter Mann«, sagte er, »ich gehorche nur den Göttern und meinen Eltern, sonst gehorche ich niemandem.«

Da begann der Mann von dem Fuhrwerk herunter mit der Peitsche auf Ödipus einzuschlagen. Ödipus faßte die Peitsche und riß den Mann von seinem Sitz herunter. Es kam zu einem Handgemenge, Ödipus erschlug die Männer in den Lederrüstungen, er war sehr stark, und im Streit schoß der Jähzorn in ihm hoch, die Pferde drohten durchzugehen, der alte, tyrannische Mann beschimpfte Ödipus weiter in unflätigster Weise, Ödipus schlug ihm auf den Kopf, der Alte taumelte, griff nach den Zügeln der Pferde, ein zweiter Schlag traf ihn tödlich, und sein Leichnam wurde von dem Gespann davongeschleift.

Wer dieser alte, tyrannische Mann war, das läßt sich denken. Es war Laios. Es war Laios, der König von Theben, der wahre Vater des Ödipus, der seinen kleinen Knaben kurz nach der Geburt hatte aussetzen wollen, der ihm die Füße durchstochen hatte und der überzeugt war, daß sein Sohn tot sei.

Laios hatte sich ebenfalls auf dem Weg nach Delphi befunden, denn er wollte wieder von der Pythia eine Auskunft haben, und diese Auskunft betraf die Sphinx. Ich habe am Beginn dieser Geschichte erzählt, daß Hera in ihrem Zorn auf Laios, weil er den kleinen Chrysippos verführt und entführt und seine Gattin Iokaste des Knaben wegen vernachlässigt hatte, zuerst die Unfruchtbarkeit und später die Sphinx geschickt hatte. Die Sphinx war geblieben, und sie bedrohte die Stadt Theben immer noch, sie würde erst verschwinden, wenn ihr Rätsel gelöst war. Denn jedem, der bei ihr vorbeikam, lauerte sie auf und stellte ihm ihr Rätsel, und wer das Rätsel nicht lösen konnte, den verschlang sie.

Diese Sphinx muß man sich so vorstellen: ein Frauenkopf, ein Löwenkörper, ein Schlangenschwanz und Adlerflügel. Ich habe in verschiedenen Büchern nachgeschaut, was diese Sphinx symbolisierte, und es gibt eine ganze Reihe von Erklärungen. Eine besagt, daß sie das Jahr darstellte, das Jahr mit seinen vier Jahreszeiten, daß sie, will man es noch abstrakter, die Zeit, die Vergänglichkeit symbolisierte. – Geben wir uns damit zufrieden...

Laios hatte gemerkt, daß der Handel mit seiner Stadt praktisch zum Erliegen kam, denn die Händler, die Theben besuchen wollten, wurden alle von der Sphinx aufgefressen. Niemand mochte mehr nach Theben gehen. Die Stadt drohte zu verarmen. Nach innen war die Sphinx ein Gefängniswächter, es war schwer, die Stadt zu verlassen, man mußte Tricks anwenden, Schleichwege kennen, sich Schleppern anvertrauen und so weiter.

Das Rätsel der Sphinx war folgendes, es hieß: »Welches Wesen, das nur eine Stimme hat, hat manchmal zwei Beine, manchmal drei Beine, manchmal vier Beine und ist dann am schwächsten, wenn es am meisten Beine hat, und am stärksten, wenn es am wenigsten Beine hat?«

Das war das Rätsel der Sphinx.

Niemand hatte das Rätsel bis zu jenem Tag lösen können. Nachdem Ödipus seinen wirklichen Vater, Laios, den König von Theben, erschlagen und damit den ersten Teil der delphischen Weissagung erfüllt hatte, ging er weiter auf dem Weg nach Theben. Unterwegs wurde ihm zugerufen: »Wanderer, geh nicht nach Theben, du wirst dort der Sphinx begegnen, und sie wird dir eine Frage stellen. Diese Frage kann kein Mensch beantworten, du auch nicht, und sie wird dich fressen.«

Ödipus lag nicht so sehr viel am Leben, er antwortete: »Na gut, wenn ich das Rätsel nicht weiß, wird sie mich eben töten. Aber wenn ich es weiß, dann werde ich sie töten.«

Und dann stand er der Sphinx gegenüber, und die Sphinx stellte ihm ihr Rätsel: »Um welches Wesen handelt es sich? Es hat manchmal zwei, manchmal drei, manchmal vier Beine und ist am schwächsten mit den meisten und am stärksten mit den wenigsten Beinen.«

Ödipus überlegte nicht lange. Er antwortete schlicht und gerade: »Es ist der Mensch. Der Mensch kriecht als Säugling auf vier Beinen, als Erwachsener geht er auf zwei Beinen, und im Alter, wenn er einen Stock braucht, geht er auf drei Beinen. Am schwächsten ist er als Säugling, am zweitschwächsten ist er im Alter, am stärksten ist er als Erwachsener, wenn er auf seinen zwei Beinen steht.«

Da bekam die Sphinx, man möchte sagen, einen Anfall, sie schrie auf und stürzte sich über den Felsen hinunter zu Tode.

Ödipus zog als Befreier in die Stadt Theben ein. Er wurde als Befreier gefeiert, und Kreon, der Bruder der Iokaste, der nach Laios' Tod die Regierungsgeschäfte in Theben übernommen hatte, wurde von den Bürgern gezwungen, zu Ödipus zu gehen und zu sagen: »Du sollst unser König sein. Du hast die Stadt von der Sphinx befreit, du sollst über diese Stadt herrschen und sollst die Königin zu deiner Gemahlin haben.«

Nun glaubte Ödipus, daß er endlich eine Heimat und eine Aufgabe gefunden habe. Er stimmte dem Angebot der Bürgerschaft von Theben gern zu. Er heiratete Iokaste, seine Mutter, wie vom Orakel in Delphi vorhergesagt, und er wurde König von Theben.

Er war ein guter, ein weiser und ein liebevoller König. Aber dann kam die Pest über Theben und raffte viele Bürger hinweg. Bei Katastrophen wie der Pest oder auch anderen Katastrophen, auch bei Kriegen, gingen die Griechen immer davon aus, daß sie nicht natürliche oder historische Ursachen hatten, sondern daß sie als Strafen von den Göttern geschickt wurden. Also wurden Nachforschungen angestellt: »Was«, wurde gefragt, »was haben wir angestellt, was war unser Vergehen, daß uns die Götter auf diese Art und Weise strafen?«

Also begab sich wieder einmal ein Bürger der Stadt Theben nach Delphi, um zu erfahren, was die Schuld der Stadt sei.

Die Pythia blickte zur Seite und sagte nur einen Satz: »Vertreibt den Mörder eures Königs Laios aus der Stadt, dann wird die Pest verschwinden.«

Der Sohn hat den Vater getötet, ohne daß er es wußte, und gerade in der Tatsache, daß Ödipus keine Ahnung von seinem Schicksal hatte, keine Ahnung davon hatte, daß in Erfüllung gegangen war, was ihm das Orakel prophezeit hatte, gerade in dieser Unwissenheit, seiner reinen Ahnungslosigkeit liegt seine Tragödie. Er sitzt da, und wir betrachten diesen unschuldig Schuldigen, und noch nach zweieinhalbtausend Jahren rührt uns sein Schicksal zu Tränen. Es ist kein Zufall, daß Sophokles, einer der drei großen Tragödienschreiber der griechischen Antike, dem Helden Ödipus drei Dramen gewidmet hat: »König Ödipus«, »Ödipus auf Kolonos« und schließlich die Tragödie »Antigone«.

Aus Delphi verlautet: »Vertreibt den Mörder des Laios!«

Und Ödipus schickt zusätzlich, was die Tragödie noch verschärft, dem Mörder des Königs Laios einen Fluch hinterher: »Er soll verflucht sein auf ewige Zeiten«, ruft er und verflucht damit sich selbst.

Die Pest wütet weiter, das Volk erwartet von seinem König Erlösung. Ödipus in seiner Ratlosigkeit läßt Teiresias rufen. Teiresias ist einer der bedeutendsten Seher des Altertums. Ödipus holt ihn, um von ihm Rat zu erbitten, denn zum Orakel in Delphi wollte er nicht noch einmal gehen.

Teiresias sagt: »Die Götter werden erst zufrieden sein, werden erst dann die Pest von Theben nehmen, wenn einer der gesäten Männer für die Stadt stirbt.«

Genaueres dürfe er nicht verkünden, sagte er, die Götter hätten es ihm verboten. – Die Götter wollten dem grausamen Spiel wohl nicht die Dramaturgie nehmen. Das Leid der Menschen hatte seit je großen Unterhaltungswert für sie.

Die gesäten Männer, wir wissen es, sind die Vorfahren der Spartaner, die aus den Drachenzähnen gewachsen sind wie die Pflanzen aus dem Boden. Und nun kommt es zu einer neuen Verwicklung, zu einem neuen Mißverständnis, denn der alte Menoikeus, der Vater der Iokaste, der seinen Lebensabend in Theben verbringt, meint, er sei gemeint, weil er ein Nachfahre der gesäten Männer ist. Er denkt sich also: »An mir liegt es.«

Bei einem Götterfluch haben die Menschen nicht nachzufragen: »Warum habt ihr dort oben mich verflucht?« Das wäre Lästerung. Menoikeus zieht die Konsequenzen aus seinem Verständnis des Spruchs des Teiresias, er stürzt sich von den Mauern der Stadt zu Tode.

Menoikeus opferte sich im Glauben, er befreie damit Theben. Er wird als Held gefeiert, aber Teiresias sagt: »Das war gut gemeint, das haben die Götter wirklich gern gesehen. Aber ihn wollten sie nicht. Sie wollten einen der gesäten Männer, aber nicht ihn, sie wollten einen aus der dritten Generation.«

Immer enger schnürt sich das Schicksal um den armen Ödipus. Der Trick, den Sophokles in seinem Stück »König Ödipus« anwendet, besteht darin, daß der Zuschauer ganz genau weiß, was auf Ödipus lauert, daß wir wissen, er ist unentrinnbar seinem Schicksal ausgeliefert. Und wir schauen klamm und voller Entsetzen zu, wie die Pranke des Schicksals zum letzten Schlag gegen Ödipus ausholt.

Ödipus ist ein sehr weiser und sehr gütiger König, aber die Pest bleibt über der Stadt, und das Orakel in Delphi hat verkündet: »Erst wenn ihr den Mörder des Königs Laios findet, wird die Pest die Stadt verlassen.«

Teiresias bekommt schließlich die Erlaubnis der Götter, die schreckliche Wahrheit aufzuklären, der blinde Seher tritt hin vor den König, zeigt mit dem Finger auf ihn, streicht mit der Hand über sein Gesicht und sagt: »Du bist Ödipus, und du bist gemeint, denn du hast deinen Vater erschlagen, und du lebst in sündiger Ehe mit deiner Mutter Iokaste zusammen.«

Und wir sehen: Ödipus ist entsetzt, aber er hat die Wahrheit bereits geahnt. Nun beginnt er sich zu verteidigen gegen sein Schicksal. Er glaube nicht, was der Seher behauptet, sagt er. Er beschuldigt Teiresias sogar, dieser habe ein Komplott gegen ihn geschmiedet, er stecke mit Kreon unter einer Decke. Ödipus beginnt um sich zu schlagen. Freilich, es gibt einige, die ihm glauben. Teiresias, wir werden davon noch hören, hat keinen besonders guten Ruf, obwohl er doch immer wieder angerufen wird, wenn es darum geht, in die Zukunft zu sehen. Eine Intrige ist dem Wahrsager durchaus zuzutrauen. Vielleicht hat er sich ja tatsächlich von Kreon kaufen lassen.

Kreon, das wußten alle, war nach wie vor der Überzeugung, er habe den einzig berechtigten Anspruch auf den Thron von Theben. Er lauerte im Hintergrund. Ödipus beschuldigt ihn, aber die Ahnung, es könnte in seinem Schicksal etwas Grauenhaftes verborgen sein, läßt ihn nicht los. Und so drängt er auf der einen Seite diese Gedanken von sich, auf der anderen Seite beginnt er Nachforschungen anzustellen.

Die Spannung konzentriert sich nicht so sehr in der Frage, was wird geschehen, sondern in der Frage: Was ist bisher geschehen?

Es kommen immer schrecklichere Dinge zum Vorschein: Teiresias, um sich reinzuwaschen von dem Vorwurf, er plane eine Intrige, läßt den Hirtenknaben herbeischaffen – inzwischen ist er ein alter Mann –, der damals den Säugling im Wald aussetzen sollte. Der Hirte erzählt von den durchstochenen Füßen. Es gibt Mythenforscher, die diese durchstochenen Füße mit den durchnagelten Füßen des Christus am Kreuz vergleichen. So weit will ich gar nicht gehen; aber eines läßt sich doch konstatieren: Das Durchstoßen, Durchnageln, das Verletzen, das Blenden, das Außerkraftsetzen der natürlichen Mittel des Menschen, sich in der Welt zurechtzufinden, läßt sich an vielen Stellen in vielen Mythen der Völker nachweisen, und zwar überall dort, wo die göttliche Macht als Zeichen ihrer Überlegenheit einen Menschen in seine Schranken weisen will.

Der Hirte sagt die Wahrheit. Er sagt, er habe damals das Kind im Wald ausgesetzt, aber er habe es nicht sterben lassen. Er habe es weitergegeben, und der Knabe sei aufgewachsen in Korinth bei König Polybos.

Nun gesteht sich Ödipus ein, was er im Herzen ohnehin schon weiß: daß nur er gemeint sein kann. Noch scheut er vor dem öffentlichen Eingeständnis zurück. Seine Gattin und Mutter Iokaste allerdings macht sich nichts mehr vor. Sie hat in all den Jahren ihr schlechtes

Gewissen nicht beruhigen können, daß sie sich damals bereit erklärt hatte, ihr Neugeborenes wegzugeben. Und sie sieht ein, daß sie Blutschande begangen hat, daß sie von ihrem eigenen Sohn Kinder empfangen hat. Iokaste kann mit dieser Schuld nicht leben, sie erhängt sich.

Nun gelingt es auch Ödipus nicht mehr, die Wahrheit abzudrängen. Der Schmerz der Einsicht ist so gewaltig, und die Schuldgefühle sind so groß, daß er sich schreiend die Haare rauft, daß er aus dem Haar der toten Iokaste die Spange nimmt und mit der Nadel die eigenen Augen durchsticht.

Er blendet sich. Am Beginn seines Lebens wurden ihm die Füße durchbohrt, damit er nicht mehr gehen kann, am Ende seines Lebens durchsticht er sich selbst die Augen, damit er nicht mehr sehen kann.

Seine letzte Tat als König: Er erteilt sich selbst den Befehl, die Stadt zu verlassen. Als König Ödipus verbannt er den Menschen Ödipus. Er zieht ein härenes Gewand an und geht. Nur eine seiner Töchter, Antigone, verläßt mit ihm gemeinsam die Stadt Theben.

Ich möchte hier einfügen, was Schiller zu der Tragödie »König Ödipus« des Sophokles geschrieben hat:

»Der Ödipus ist gleichsam nur eine tragische Analysis. Alles ist schon da, und es wird nur herausgewickelt, wobei das Geschehene als unabänderlich seiner Natur nach viel fürchterlicher ist, und die Furcht, daß etwas geschehen sein könnte, das Gemüt ganz anders affiziert als die Furcht, daß etwas geschehen wird.«

Mit diesem Stück hat Sophokles die Grundlage der klassischen Tragödie im Abendland geschaffen, und wenn Aristoteles in seiner »Poetik« die Tragödie untersucht und wenn er Regeln aufstellt, wie eine Tragödie zu bauen sei, dann bezieht er sich auf den »König Ödipus« von Sophokles. Was wir heute Theaterdramaturgie in einem klassischen Sinn nennen, und das trifft auch auf den Aufbau der meisten Spielfilme zu, beruht letztendlich auf diesem wunderbaren Entwurf, den Sophokles vor rund zweitausendfünfhundert Jahren vorgelegt hat.

Ödipus, begleitet und geführt von seiner liebsten Tochter Antigone, die ja gleichzeitig auch seine Halbschwester ist, durchstreift das Land, selbst hat er sich das Augenlicht genommen, damit er nicht weiter auf die Folgen seiner Schuld schauen muß, den Fluch trägt er auf seinen Schultern, so gelangt er endlich nach Kolonos, einer Ortschaft nahe von Athen.

Aber welch absonderliche Willkür des Geschicks! Ödipus eilt ein Orakelspruch voraus, der besagt: »Die Stadt, in der Ödipus sterben wird, wird ewig Glück haben.«

So kommt es, daß die Söhne des Ödipus, Polyneikes und Eteokles, die gleichzeitig seine Halbbrüder sind, denn er hat sie ja mit seiner Mutter Iokaste gezeugt, daß diese Söhne, die inzwischen in Theben um die Macht kämpfen, großes Interesse haben, daß ihr Bruder-Vater zurück nach Theben komme, um dort zu sterben. Sie wissen auch, nur derjenige wird die Macht erlangen, der von Ödipus gesegnet wird.

Polyneikes streift umher, findet den Ödipus, bittet ihn, er möge ihn vor seinem Bruder segnen. Aber Ödipus weiß, neuer Fluch soll gesät werden, und er verweigert seinen Segen. Auch Eteokles kommt, auch ihn weist Ödipus ab.

Es meldet sich schließlich auch Kreon an. Kreon, der Schwager-Onkel des Ödipus, der immer im Hintergrund stand, im Abseits, hat sich auf die Seite des Eteokles geschlagen, weil er der weichere der beiden Brüder ist, der sich leichter beeinflussen läßt. Aber Ödipus durchschaut auch Kreons Absichten. Er läßt ihn erst gar nicht vor, weist Kreon ab.

Da rückt Kreon mit einem Heer heran. Er will Ödipus mit Gewalt nach Theben schleppen. Ödipus bittet Theseus, den König von Athen, um Hilfe, und Theseus stellt sich ihm zur Seite.

Ödipus stirbt in Athen, und Theben ist für immer vom Glück verlassen, während Athen zu einer der großen Städte der Weltgeschichte aufsteigen wird. Auch das rechnet der Mythos dem Ödipus zu.

Nun nimmt die ganze Geschichte eine neue tragische Wendung. Antigone, des Ödipus liebste Tochter, ist einem Sohn des Kreon versprochen, nämlich Haimon. Die beiden lieben sich. Das Schicksal wendet sich Antigone zu. Auf sie stürzt das Verhängnis.

Polyneikes und Eteokles treiben ihren Streit auf die Spitze, in einem Zweikampf fallen sie beide, sie erschlagen sich gleichzeitig, verletzen sich so sehr, daß beide an den Wunden sterben. Kreon reißt die Macht ganz an sich. Er verbietet mit Androhung der Todesstrafe, daß Polyneikes begraben wird. – Um dieses Verbot kreist die moralische Frage in der Tragödie »Antigone« von Sophokles.

Antigone kehrt nach Hause zurück, weil sie Haimon heiraten möchte. Sie kann nicht zusehen, wie ihr Bruder Polyneikes auf dem Schlachtfeld liegenbleibt, wie die Vögel und die Hunde seinen Körper zerreißen. Sie weiß, wenn nicht Erde über ihn gedeckt wird, dann wird er keine Ruhe finden. Es ist ein Gewissenskonflikt für An tigone, sie weiß, sie muß ihrem Bruder diesen letzten Gefallen tun, aber sie weiß auch, es wird sie das Leben kosten.

Antigone will, daß der Fluch, der auf ihrem Geschlecht lastet, endlich ein Ende findet. Sie weiß, wenn sie das Verbrechen begeht, ihren Bruder nicht zu bestatten – vielleicht nicht ein Verbrechen vor den Menschen, aber ein Verbrechen vor den Göttern –, dann wird dieser Fluch weiterwirken und auch ihre Kinder und Kindeskinder erfassen. Sie hofft auf die Einsicht des Kreon.

Bei Sophokles spricht sie einen ganz entscheidenden Satz: »Nicht mitzuhassen, mitzulieben bin ich da.« Das heißt soviel wie: »Ich bin dazu ausersehen worden, diesen Fluch abzuschneiden; ich bin geboren, um diesen Fluch, der auf unserem Geschlecht liegt, endlich zu beenden.«

So schleicht sie sich nachts hinaus auf das Schlachtfeld und streut wenigstens symbolisch eine Handvoll Erde auf ihren toten Bruder Polyneikes.

Sie wird verhaftet und eingesperrt.

Ihr Verlobter Haimon, der Sohn des Tyrannen Kreon, bittet um ihr Leben, er kniet vor dem Vater nieder, umfaßt die Beine des Vaters, fleht: »Laß Antigone leben, laß uns dieses Glück, sei nicht so grausam, beharre nicht auf deinem Gesetz!«

Es ist sinnlos. Kreon beharrt weiter. Er läßt nicht mit sich reden.

Er ist immer übergangen worden. Kreon ist eine Randfigur von Anfang an. Zuerst war Laios an der Macht. Nach seinem Tod gelang es Kreon nicht, die Sphinx zu besiegen. Ödipus kam. Kreon hat wieder auf den Thron verzichten müssen. Dann waren die beiden Söhne da, die sich um die Thronfolge gestritten haben. Auch damals war Kreon nur eine Randfigur, mußte sich darauf beschränken, Einfluß auszuüben. Jetzt haben sich beide Söhne des Ödipus umgebracht. Jetzt sitzt er, Kreon, endlich an den Hebeln der Macht.

Gegen seinen eigenen Sohn Haimon verschließt er sich und sagt: »Nein! Was ich bestimmt habe, ist Gesetz.«

Aber Haimon läßt mit seinen Bitten nicht ab. Schließlich scheint Kreon doch nachzugeben.

»Gut«, sagt er. »Ich will deiner Antigone das Leben schenken.«

Der Sohn will seinen Vater vor Glück umarmen. Aber Kreon ist grausamer, als es sein Sohn für möglich hält.

»Antigone soll zwar nicht sterben«, sagt Kreon, »aber frei wird sie nicht sein.«

Er läßt die Tochter des Ödipus in ihrem Gefängnis einmauern. Nur ein schmaler Schlitz bleibt in der Mauer offen, durch ihn werden Wasser und Brot gereicht. – Das ist schlimmer als der Tod.

Antigone kauert in ihrem engen Verlies.

Draußen weint ihr Verlobter Haimon.

Versteinert sitzt Kreon auf dem Thron der Macht und läßt sich nicht umstimmen.

Da taucht abermals Teiresias, der blinde Seher, auf und gibt Kreon ungebetenen Rat.

Er sagt: »Die Toten grab ein und die Lebendigen grab aus.«

Er soll den Polyneikes endlich ordentlich begraben und Antigone aus ihrem Gefängnis frei lassen.

Teiresias sagt weiter: »Wenn du das nicht tust, Kreon, wird der Fluch des Ödipus auf dich und auf dein ganzes Geschlecht übergehen.«

Da wird Kreon unsicher, und schließlich gibt er nach. Er läßt Polyneikes begraben und bricht die Kammer auf, in der Antigone schmachtet. Haimon, sein unglücklicher Sohn, will seinem Vater überschwenglich danken – aber zu früh: denn als das Verlies aufgebrochen wird, findet man Antigone erhängt.

Haimon, als er sieht, daß seine Verlobte tot ist, stürzt sich in sein Schwert. Kreons Frau springt von der höchsten Zinne, als sie sieht, daß ihr Sohn in seinem Blut liegt. – Die Tragödie des Sophokles endet mit dem schuldbewußten Klageruf des Kreon:

So führt mich hinweg, mich törichten Mann,
der willentlich dich, mein Kind, nicht erschlug,
auch dich nicht, mein Weib! Ich weiß ja nicht mehr,
wohin schaun, wohin mich wenden; alles, ach,
gleitet mir aus der Hand; über mein Haupt entlud
sich Unheil mit nicht ertragbarer Wucht.

In der Tragödie des Ödipus fällt uns auf, daß der Seher Teiresias immer wieder eine wichtige Rolle spielt. Ich möchte, gleichsam als das Satyrstück zur Tragödie, von diesem Seher erzählen.

Er hat eine durchaus humorige Geschichte. Warum ist er blind? Dafür gibt es zwei verschiedene Erklärungen. Ich möchte beide Versionen erzählen, weil sie beide hübsch sind und spaßig.

Zunächst die eine Version: Teiresias geriet eines Tages in eine prekäre Lage. Er sah die Göttin Pallas Athene zufällig nackt. Athene ist eine jungfräuliche Göttin, die sich zwar gern mit Männern umgibt, dabei aber immer an ihren Verstand, nie an ihren Sexus appelliert.

Teiresias sah also Athene eines Tages zufällig nackt im Bad, und er war ganz geblendet von ihrer Schönheit. So beging er den Fehler, sich erwischen zu lassen. Das war etwas, das Athene nicht vertragen konnte, daß jemand ihr ansah, daß sie leiblich war. Athene ist aus dem Kopf des Zeus geboren worden, sie ist eine Kopfgeburt. Sie ist allem Leiblichen, allem Sexuellen abhold. Sie will lieber gefürchtet als begehrt werden.

Sie sah in dem Blick des Teiresias die Begierde, und da hat sie ihm blitzschnell ihre Hand auf die Augen gelegt, und das machte, daß Teiresias auf der Stelle blind war. Aber die Mutter des Teiresias war darüber so sehr bekümmert, daß Athene sich ein schlechtes Gewissen daraus gemacht hat.

Athene hatte die Eigenart, daß sie immer eine Schlange vorne in ihrer Brusttasche mit sich herumtrug. Wir werden davon noch erzählen. Diese Schlange konnte so einige Zaubertricks. Athene bat also ihre Lieblingsschlange, sie solle dem Teiresias die Ohren auslecken. Das tat die Schlange. Sie säuberte dem Teiresias die Ohren auf so eigentümliche Art, daß er von nun an die Sprache der Vögel verstehen konnte. Deshalb hat Teiresias auch, wenn er die Zukunft weissagte, immer auf die Vögel gehört. Die Vögel, die ja so hoch über uns Menschen schweben, sie haben einen größeren Weitblick als wir. Sie sehen, was war, sie sehen, was ist, und sie sehen, was kommen wird. Nicht alles, was kommen wird, sehen sie, aber vieles. Wer die Stimmen der Vögel versteht, wer ihr Gezwitscher deuten kann, der versteht es, einigermaßen in die Zukunft zu sehen. – Übrigens: Athene muß wirklich ein sehr schlechtes Gewissen gehabt haben, denn bei derselben Gelegenheit gab sie dem Teiresias auch ein besonders langes Leben. Sieben Generationen soll es gedauert haben, dieses Leben.

Die andere Version der Sage geht so: Teiresias, als er
noch ein junger Mann war, spazierte durch den Wald und
beobachtete zwei Schlangen, die sich gerade begatteten.
Irgendwie kam ihm dieses Schauspiel zwar faszinierend,
aber auch ungehörig vor. Er nahm einen Stab und schlug
auf die beiden Tiere ein. Aber es waren natürlich heilige
Schlangen, und als er das Schlangenweibchen erschlug,
wurde er selbst augenblicklich in eine Frau verwandelt.

Von nun an war Teiresias eine Frau. Es schien ihm keinen großen Kummer bereitet zu haben. Schnurstracks begab er sich in die nächste größere Stadt und lebte dort
sieben Jahre als eine im Umgang mit Männern sehr erfahrene Hure.

Nach diesen sieben Jahren wollte er – sie – wieder einmal frische Luft schnappen und sich von den verrauchten Kaschemmen erholen, in denen er sich herumtrieb.
Er machte Urlaub auf dem Lande und kam auf einem seiner Spaziergänge zufällig an dieselbe Stelle im Wald, und
wieder sah er ein Schlangenpaar sich begatten, und wieder ekelte er sich davor. Er wunderte sich darüber, daß
diese Kreatur solche Lust verspüren kann. Er nahm wieder einen Stab und schlug auf die beiden ein. Diesmal traf
er das Schlangenmännchen. Das Schlangenmännchen
war tot, und augenblicklich war Teiresias zurückverwandelt in einen Mann.

Nun gab es eine andere Geschichte, die sich oben im
Olymp abspielte. Zwischen Zeus und Hera, seiner
Schwester, die gleichzeitig seine Frau war, gab es Streit.
Durch die ganze Ilias des Homer hindurch ziehen sich
diese Keifereien zwischen Zeus und Hera, und einmal

gab es Streit über folgende Frage: Wer hat beim Beischlaf mehr Lust, der Mann oder die Frau?

Hera sagte: »Der Mann hat mehr Lust. Er macht auch mehr Lärm.«

Zeus sagte: »Nein, es hat eindeutig die Frau mehr Lust«, weil als Macho, der er ja ohne Zweifel war, ging er davon aus, daß der Mann der große Lustspender sei, und er sagte zu Hera: »Ihr habt gewiß mehr Lust, wenn wir Männer sie euch geben, als wir Lust haben, wenn ihr Frauen sie uns gebt.«

Und Hera meinte natürlich das Gegenteil.

Ja, wie sollte man das herauskriegen? Wer hat da recht? Das ist ja nicht so einfach, denn letztendlich kann sich ein Mann nicht in eine Frau versetzen und eine Frau nicht in einen Mann. Es war schon klar, es konnte eigentlich nur einen einzigen Richter in dieser Angelegenheit geben, nämlich jemanden, der sowohl ein Mann als auch eine Frau gewesen war. Das war Teiresias.

Also man stieg herab vom Olymp und holte Teiresias herbei, und mit abgekehrtem Gesicht, denn es ist nicht möglich, daß ein Mensch einem Gott ins Gesicht schaut, wurde Teiresias befragt:

»Wer hat größere Lust beim Beischlaf, Mann oder Frau? Du mußt es wissen.«

Die Antwort fiel sehr eindeutig aus, und Teiresias zögerte auch nicht eine Sekunde. Er sagte: »Wenn die ganze Lust zehn ist, so ist die Lust der Frau beim Beischlaf neun, und die Lust des Mannes ist eins.«

Diese Wette hatte Zeus gewonnen.

Hera war darüber so zornig, daß sie den Teiresias blendete, ihm sein Augenlicht nahm. Dies wollte nun Zeus nicht rückgängig machen, er wollte keinen neuen

Streit entfachen. Er gab dafür dem Teiresias, wie es der Göttervater selber nannte, ein inneres Sehen. Er machte, daß er in die Zukunft schauen konnte.

Die Entstehung der Welt

Am Anfang, so erzählt uns die griechische Mythologie, am Anfang war Chaos. Was in diesem Chaos war, das weiß niemand. Man schreckt auch davor zurück, dieses Chaos als eine Gottheit zu begreifen. Warum aus diesem Chaos irgendwann plötzlich Gaia entstand, nämlich die Erde, das weiß auch niemand. Aber sie war auf einmal da.

Hesiod, der alte Erzähler, der ungefähr ein Zeitgenosse von Homer war, erzählt uns, wie die griechischen Götter geworden sind. – Aus Gaia erhob sich der Himmel, nämlich Uranos, der Himmel war der Sohn der Erde. Er war ihr Sohn und auch ihr Geliebter. An nebeligen Tagen, wenn wir uns ins Freie begeben, können wir den Himmel nicht von der Erde unterscheiden. Das heißt, Himmel und Erde liegen noch eng, so eng in Liebesumarmung aufeinander, daß wir nicht wissen, wo Gaia, die Erde, anfängt und wo Uranos, der Himmel, aufhört.

Gaia ist die Fruchtbringende, die das Grüne auf sich trägt, und sie wurde benetzt von den Nebeln und vom Regen des Himmels. Gleichzeitig mit Gaia entstand Eros, der Geist der zeugenden Liebe. Ihn darf man sich nicht als ein Wesen vorstellen, eher als die

Angabe einer Richtung, in die sich Gaia von Anfang an neigte. Eros hielt die beiden aufeinander, den Himmel und die Erde.

Erst aus dieser Umarmung, heute würde man sagen, aus dieser Jahrmillionen dauernden Umarmung, entstanden die ersten Wesen. Denn Gaia buckelte sich vor Lust unter ihrem Sohn Uranos, und so entstanden die weichen, warmen, zarten, grünen Hügel.

Dann gebar sie aus diesen Hügeln heraus die Titanen. Unter diesen Titanen waren schon der stolze Kronos und die hehre Rhea.

Kronos war der mächtigste der Söhne der Gaia und des Uranos. Über Kronos ist sehr viel nachgedacht worden, und die naheliegendste Erklärung ist, daß Kronos sich von Chronos ableitet, also von »Zeit«. Man ist aber draufgekommen, daß Kronos nichts zu tun hat mit dem Begriff der Zeit, und man weiß nun eigentlich nicht, woher dieses Wort kommt.

Dem stolzen Titanen Kronos und der hehren Titanin Rhea, welche die ersten wirklich gelungenen Wesen waren, die ersten denkenden Wesen, folgten aus dem Schoß der Gaia Monster nach. Nämlich die hundertarmigen Riesen, die von unglaublicher Häßlichkeit gewesen sein müssen. Ihr Vater Uranos, der Himmel, haßte diese Riesen vom ersten Augenblick an, und er stieß sie mit seinem ungeheuren Phallus immer wieder in den Mutterschoß der Gaia zurück.

Gaia buckelte sich, die Erde buckelte sich, aber diesmal nicht wie zu Beginn der Liebesumarmung aus Lust, sondern unter Schmerzen. Sie beugte sich und buckelte sich, und so entstanden auf der Erde die Gebirge, die großen, steinigen, felsigen Gebirge.

Aber Uranos, der Himmel, ließ nicht davon ab, seine Gemahlin, die auch seine Mutter war – von Anfang an ist der Inzest bestimmend in der griechischen Götterwelt –, er ließ nicht ab, Gaia mit seinem gigantischen Phallus zu quälen, und immer wieder stieß er die hundertarmigen Riesen, die aus der Erde drängten, in ihren Schoß zurück.

In ihrer Verzweiflung und ihrem Schmerz wandte sich Gaia an ihren Sohn Kronos, und sie nahm ihn in ihr Einverständnis und flüsterte ihm zu: »Befreie mich von deinem Vater, diesem Ungeheuer, das gleichzeitig dein Halbbruder ist.«

»Wenn du mir dabei hilfst«, sagte Kronos, »will ich es versuchen.«

Da ließ Gaia neben den großen, prankigen Händen des Kronos Eisen wachsen. Dieses Eisen krümmte sich unter ihrem Willen zu einer scharfen Sichel.

Gaia sagte: »Entmanne damit deinen Vater.«

Kronos mähte mit dieser Sichel das Glied seines Vaters und Halbbruders Uranos ab und entmannte damit den Himmel.

Kronos, der Sohn des Himmels und der Erde, entmannt also seinen Vater. Der Himmel ist für alle Zeit von der Erde abgetrennt. Von nun an muß ein Herrscher mindestens einen Fuß auf der Erde lassen. Allein vom Himmel aus kann die Erde nicht mehr beherrscht werden.

Kronos, nachdem er das Geschlechtsteil seines Vaters abgeschnitten hatte, warf es hinter sich, ohne ihm nachzusehen. Blutstropfen fielen von diesem Geschlechtsteil auf die Erde nieder. Aus diesen Blutstropfen, die sich mit der fruchtbaren Krume der Gaia verbanden, wuchsen neue Wesen. Es wuchsen die Erinnyen, die Rachegöttinnen, die von den Römern Furien genannt wurden. Furchtbar sind diese Rachegöttinnen, durch alle Sagen ziehen sie hindurch, wie die Polizei der Mythologie, die einen Schuldigen zu Tode hetzt. Eines ihrer berühmtesten Opfer ist Orest. Wir werden von ihm hören. Diese Rachegöttinnen sind aus dem Aufschrei herausgewachsen. Aus dieser Überraschung, aus diesem ungeheuren, ersten Schmerz des Uranos, der zusehen mußte, wie sein eigener Sohn ihm jenes Körperteil abschnitt, aus dem er ja schließlich geworden war. In diesem Aufschrei war der Wunsch nach Rache. Dieser Wunsch war ganz enthalten in den Blutstropfen, die zuerst auf die Erde fielen, und so wuchsen aus ihnen die Erinnyen.

Aus den weiteren Blutstropfen aber, in denen die Mannbarkeit schon nachgelassen hatte, wuchsen die Giganten. Es ist interessant, einen Blick auf diese Giganten zu werfen, nicht nur, weil sie so kurios häßlich waren. Manche klugen Denker sind der Meinung, daß die Giganten schon so etwas wie menschliche Formen an sich hatten. Man fragt sich da natürlich, wie sahen die anderen aus. Von Gaia wissen wir, wie sie aussieht, sie sieht aus wie unsere Erde. Uranos sieht aus wie unser Himmel. Bei Kronos sind wir uns nicht ganz sicher, er wechselt sein äußeres Erscheinungsbild mit der Zeit. Die Giganten jedenfalls hatten eine annähernd menschliche Gestalt, nur ihr Unterleib ging in einen schlangenförmigen Körper über. Sie hatten also etwas Echsenhaftes an sich. Sie standen auf zwei Beinen, hatten aber einen Echsenschwanz. Vielleicht waren die Giganten Saurier, wer weiß...

Ich will diese Spekulationen gar nicht weiterführen. Wir sind immer noch bei dem Glied des Uranos, das durch die Lüfte fliegt. Die ersten Blutstropfen sind also bereits zur Erde gefallen, die zweiten ebenfalls, Erinnyen sind daraus geworden und Giganten.

Dieses Glied landete im Wasser. Wenn ein Gott entmannt wird, da muß jeder Augenblick genau geprüft werden. Uranos wurde von seinem Sohn Kronos genau in dem Augenblick entmannt, als der Same schon im Penis war, und dieser Same, der sich im Meer mit dem Salzwasser vermischte, bildete einen Schaum, und dieser Schaum wurde in Zypern an Land gespült. Aus diesem Schaum erwuchs Aphrodite. Aphrodite, die Göttin der Liebe, Aphrodite, die Schaumgeborene.

Aphrodite ist die Tochter des Himmels, sie ist eine Göttin der allerersten Stunde. Die Römer haben diese Gottheit übernommen, sie haben sie Venus getauft, und wir sehen Venus, wenn wir zum Himmel schauen, als Morgen- oder Abendstern.

Als nun Kronos, der Sohn des Himmels und der Erde, die Macht ergriff, entpuppte er sich als derselbe Tyrann wie sein Vater. Er befreite seine Brüder, die Hundertarmigen, nicht, sie hatten so viel Hoffnung auf ihn gesetzt, sie meinten, er komme ihnen zu Hilfe. Nein, er tat ihnen noch Schlimmeres an, er drückte sie hinab in den Tartaros.

Der Tartaros, das ist die tiefste, finsterste, unglückseligste Stelle in der Unterwelt. Es heißt bei Homer: »Der Tartaros ist von der Unterwelt so weit entfernt wie die Erde vom Himmel.«

Dunkelheit ist für diesen Ort gar kein Ausdruck. Es ist das Allerschlimmste, was einem passieren kann, dort unten zu landen, und genau dort hinunter schlug Kronos seine Brüder, die Hundertarmigen.

Der Titan Kronos nahm nun seine Schwester Rhea zur Frau.

Aber die Erde, Gaia, gab ihm gleich eine Prophezeiung mit. Sie sagte: »Eines deiner Kinder wird dir ein ähnliches Schicksal bereiten, wie du deinem Vater, Uranos, beschert hast.«

Rhea gebar dem Kronos nacheinander – und nun taucht das Personal des klassischen Götterhimmels auf – Hestia, das ist die Göttin des Herdes und der Hausordnung, sie wurde später so eine Art Hausmeisterin oben im Olymp; des weiteren: Demeter, das ist die Göttin der fruchtbaren Erde, sie wird dargestellt mit einem Büschel Weizenähren im Arm; dann: Hera, die Beschützerin der Ehe; weiter: Hades, der später der Gott der Unterwelt wurde; Poseidon, den Gott des Meeres; und zuletzt brachte Rhea Zeus auf die Welt.

Kronos, gewarnt durch die Weissagung seiner Mutter, fraß seine Kinder eines nach dem anderen auf. Es gibt ein schauderhaftes Bild von Goya, das diesen Kronos zeigt, wie er eines seiner Kinder in den Händen hält und ihm gerade den Kopf abbeißt. Wir sehen in diesem Gesicht nicht göttlich-titanischen Machtwillen, sondern ganz menschlichen Wahnsinn.

Rhea wollte natürlich nicht, daß Kronos ihren Kindern diese Gewalt antat, und den letzten, den Jüngsten, den Liebsten, versteckte sie vor ihrem Mann. Sie gab ihm statt dessen einen Stein, den sie in Tücher gewickelt hatte, zum Fraß. Kronos in seiner Gier und in seiner Wut auf alle Nachkommenschaft schlang diesen Stein hinunter und merkte den Betrug nicht.

Rhea trug das Bündel mit dem kleinen Zeus irgendwohin in die Berge, und dort säugte sie das Kind mit der

Milch einer Ziege. Dort lebten kleine Landgottheiten, von denen man gar nicht genau weiß, woher sie kommen, Kureten wurden sie genannt, das waren eher Naturgeister, vielleicht waren es die Blätter, die von den Bäumen fielen, oder das Moos, das die Stämme hinaufkletterte, zu der damaligen Zeit gab es gar nichts in der Natur, das nicht die Magie des Mehrfachseins und des Verwandelbaren in sich trug, vielleicht waren die Kureten auch die dürren Äste, die sich, sobald sie auf dem Boden knackten, in kleine Götter verwandelten. Diese Kureten versprachen Rhea, daß sie auf Zeus aufpassen würden und daß sie, wenn Kronos in die Nähe käme, heftigen Lärm machen wollten, so daß das Geschrei des Kindes übertönt würde.

Kronos wußte also nicht, daß noch ein Sohn von ihm auf der Erde war. Er meinte, er hätte alle seine Kinder verschlungen.

Zeus wuchs zu einem starken, kräftigen jungen Gott heran. Eines Tages traf er, der allein über diese Welt ging, auf eine Nymphe, nämlich auf Metis, und er verliebte sich in sie, das hieß, er beschlief sie. Und nach der Liebe erzählte ihr Zeus sein Leben, seine Sorgen, schüttete der Metis sein Herz aus, beklagte das Schicksal seiner Geschwister und so weiter. Metis war gerührt, und sie braute ihm einen Saft, ein Brechmittel. Das solle er seinem Vater unter das Essen mischen.

Zeus konnte die Nähe des Kronos nicht riskieren, er gab dieses Mittel seiner Mutter Rhea, und die mischte es unter die Speise ihres Gatten, und der erbrach sich und kotzte alle seine Kinder wieder aus. Da standen sie nun alle vor ihrem Vater: Hestia, Demeter, Hera, Hades, Poseidon.

Ich weiß nicht, wie sich die Griechen das vorgestellt haben, Zeus mußte ja zuerst zu einem jungen Mann heranwachsen, zu einem jungen Gott, ich weiß nicht, wie viele Jahre nach unserer Zeitrechnung dazu nötig waren. In all dieser Zeit befanden sich die Geschwister des Zeus im Magen des Kronos. Schon recht merkwürdig. Er hat sie also nicht verdaut, sie waren wohl keine gute Speise.

Sie alle verbündeten sich nun unter der Führung des Zeus gegen ihren Vater. Es entbrannte ein langer, ungeheuer heftiger Krieg. Zeus holte die Hundertarmigen aus dem Tartaros, die halfen ihm gern gegen seinen Vater Kronos.

Über zehn Jahre wütete dieser Krieg, heißt es, wobei immer hinzugefügt werden muß, daß Jahre zu der damaligen Zeit etwas vollkommen anderes waren als heute…

Der Krieg endete mit dem Sieg von Zeus und seinen Geschwistern. Kronos wurde der Macht enthoben. Kronos wurde gestürzt.

Die Römer übernahmen übrigens fast komplett den Götterhimmel der Griechen. Es ist ja oft so, daß die Sieger die Wertvorstellungen und die Metaphysik, ebenso die Religion, die Philosophie der Besiegten übernehmen. Warum das so ist, weiß ich nicht. Aus Zeus machten sie Jupiter, aus der Göttermutter Hera machten sie Juno, aus dem Gott des Meeres Poseidon machten sie Neptun, aus Aphrodite Venus, aus Ares Mars, aus Hermes Merkur und so weiter.

Zeus hatte seine Brüder und Schwestern in den Krieg gegen seinen Vater Kronos geführt, und sie hatten diesen Krieg unter seiner Führung nach zehn Jahren gewonnen.

Irgendwie soll es dann doch eine Aussöhnung gegeben haben zwischen Zeus und Kronos. Das hat ja auch etwas Sportives an sich, wenn man sich diesen Kampf anschaut. Denn was soll geschehen, es geht ja eigentlich nur um die Macht, die blanke Macht, verletzt oder gar getötet werden kann ja niemand, weil Götter ja unsterblich sind. – Es ging um die Macht. Kronos hatte lange genug geherrscht. Er war es zufrieden, und schließlich und endlich schlossen er und Zeus einen Kompromiß. Kronos wurde aufs Altenteil gesetzt, auf die Insel der Seligen. Dort leitete er die Geschicke – ein wenig. Es gibt in Amerika eine kleine Stadt, in der nur Leute über sechzig wohnen dürfen. So ähnlich stelle ich mir die Insel der Seligen vor. Dort ist Kronos der Bürgermeister der Ausgedienten. So human verfährt die griechische Mythologie mit dem blutrünstigen alten Titanen Kronos.

Unter der Führung des Zeus wird die ganze Sache jetzt neu organisiert. Man nennt sich von nun an Götter. Zeus wird als Anführer bestätigt. Er ist der Stärkste. Es gibt zwar die Version, daß die Götter Himmel, Wasser und Erde mit Hilfe eines Glücksspieles unter sich aufgeteilt hätten, aber mir scheint doch die Version naheliegender, daß sich die anderen Götter freiwillig dem Diktat ihres Bruders Zeus beugten.

Zeus nahm für sich den Himmel und die Erde in Anspruch. Seinen Thron errichtete er auf dem Olymp. Dieser Berg ist meistens in Wolken gehüllt.

Poseidon hingegen bekam Oberhoheit über die Gewässer, heißt es. Da muß ich auch die Flüsse mit einbeziehen. Die Frage ist, da der Mensch zum größeren Prozentsatz aus Wasser besteht, inwieweit Poseidon nicht auch in uns die Oberherrschaft hat.

Hades herrschte über die Unterwelt. Er war übrigens, sagt man, der einzige, der seine Untertanen liebte. Er wollte, daß man die Toten in Ruhe ließ.

So teilte Zeus die Welt auf, und so trifft der Mensch den Götterhimmel an, als er auftaucht.

Götter und Menschen

Von Hephaistos und Hera – Von Ares und Aphrodite –
Von Athene – Von Hermes und Apoll – Von Zagreus –
Von Prometheus und uns Menschen

Hephaistos ist nicht gerade der Hervorragendste der Götter, aber er hat doch eine für uns höchst interessante Geschichte. Seine Geburt ist rätselhaft. Hephaistos hat keinen Vater. Ihn hat die Göttermutter Hera aus sich heraus geboren. Sie war es wohl leid, ständig von ihrem Gatten Zeus betrogen zu werden, und sie wollte ihm beweisen, daß es ohne ihn auch geht. Zeus trieb es mit allen Frauen, von den Menschen angefangen über die Nymphen bis hin zu den Göttinnen. Das war seine Aufgabe, sein Schicksal, seine Bestimmung: zu zeugen, zu befruchten, neues Leben entstehen zu lassen, die buntesten Arten zurechtzumischen.

Hera wollte Zeus eins auswischen, indem sie ihm bewies, daß sie eigentlich keinen männlichen Gegenpart brauchte; so brachte sie den Hephaistos aus sich heraus zur Welt. Wir haben es hier mit einem Fall von Autogamie zu tun, es ist dies weder der erste noch der letzte…

Aber offensichtlich war Hera mit dem Produkt ihrer Selbsthervorbringung unzufrieden: Hephaistos war ein überaus häßliches Baby. Sie warf nur einen einzigen Blick auf ihn, dann packte sie ihn am Beinchen und schleuderte ihn vom Olymp hinunter.

Das winzige Götterwesen flog zwölf Stunden durch die Luft, bis es schließlich vor der Grotte der Nymphe Thetis landete. Hephaistos war halbtot, wäre sicher ganz tot gewesen, hätte er nicht die Unsterblichkeit besessen. Ein Fuß war zerschmettert, von nun an hinkte er.

Die Nymphe Thetis nahm sich seiner an, sie pflegte den kleinen Gott, zog ihn bei sich auf, brachte ihm allerlei Kunststücke bei und merkte recht bald, daß er ein großes Talent im Handwerklichen besaß.

Hephaistos liebte das Feuer. Es gelang ihm, das Eisen über dem Feuer weich zu machen und dieses weiche Eisen zu wunderlichen, schönen Dingen zu formen, mit bloßen Händen knetete er das glühende Metall. Ursprünglich wurde Hephaistos nur auf der Insel Lemnos verehrt, weil dort ein Vulkan ist. Die Menschen meinten, er sei das Feuer. – Die Römer nannten Hephaistos übrigens Vulcanus. – Die Menschen meinten, er sei das Feuer, und wenn das Feuer knisterte, meinten sie, er kichert, und wenn der Vulkan grollte, dann meinten sie, er sei zornig.

Widersprüchlich ist der Charakter des Hephaistos. Einerseits ist er ein Kobold, ein Spaßmacher, einer, über den man lacht, weil er hinkt, weil er ein rußiges Gesicht hat, weil er häßlich ist; auf der anderen Seite ist er unberechenbar bis zur Boshaftigkeit. Diese Widersprüchlichkeit zeigte sich bereits im ersten Kunstwerk, das er fertigstellte. Merkwürdigerweise war es ein Geschenk für seine Mutter Hera, die ihn ja verstoßen hatte.

Hephaistos baute ihr einen wunderschönen, mit Brillanten besetzten Goldthron und schickte ihr diesen Thron auf den Olymp – aus Verehrung für seine Mutter Hera, ließ er dazu ausrichten. Man kann sich vorstellen, daß Hera ziemlich verlegen war über dieses Geschenk.

Aber sie rückte sich den Thron zurecht und setzte sich zu Tisch, es war der schönste Thron von allen, noch schöner als der des Zeus. Die Götter aßen, und anschließend standen alle auf. Hera wollte ebenfalls aufstehen, aber das ging nicht. Sie konnte sich nicht von ihrem Thron erheben. Das war die Rache ihres Sohnes Hephaistos: Er hatte einen raffinierten Mechanismus in den Stuhl eingebaut. Die Götter standen um sie herum, sie waren ebenso ratlos. Keine Kraftanstrengung nützte etwas. Hera saß wie angeschraubt.

Man schickte nach Hephaistos. Hermes eilte auf seinen Flügelschuhen hinunter zur Grotte der Thetis, bat Hephaistos, er möge die Göttermutter erlösen, es sei doch lächerlich, wenn die höchste Göttin gefesselt an ihren Stuhl bei Tisch sitzen müsse.

Aber Hephaistos blieb hart. Er blieb stur, er ließ nicht mit sich verhandeln, und wenn vielleicht doch, dann wollte er direkt mit Hera sprechen.

Man holte ihn also in den Olymp hinauf, er schaute seine Mutter an, wie sie da gefesselt auf dem Thron saß. Der Anblick befriedigte seine Rachgier.

Was denn nun sei, wurde er gefragt. Was er gedenke zu unternehmen, um die Göttermutter aus ihrer Lage zu befreien. Er gab keine Antwort. Erst der Gott Dionysos konnte ihm das Geheimnis dieses raffinierten Mechanismus entlocken, und das auch erst, nachdem er ihm reichlich Wein zu trinken gegeben hatte.

Von nun an durfte Hephaistos auf dem Olymp bleiben. Er war der Diener der Götter. Er war der Mundschenk, der Kellner, und sie lachten über ihn. Sie lachten über seinen Humpelfuß, über sein rußiges Gesicht, über seine Ungeschicklichkeit, freuten sich allerdings auch über seine Geschicklichkeit als Handwerker. Sie ließen sich von ihm die prächtigsten Paläste auf dem Olymp bauen.

Ausgerechnet ihm, dem Häßlichsten, dem Ungeschicktesten im Umgang mit allem Weiblichen, ausgerechnet ihm gab Zeus die Aphrodite, die Göttin der Liebe, zur Frau – wahrscheinlich auch, um sich einen Spaß daraus zu machen.

Die Göttin der Liebe zur Frau zu haben ist nur auf den ersten Blick etwas Wunderbares, auf den zweiten Blick aber schon nicht mehr. Aphrodite holte sich jeden Mann, den sie wollte, sie betrog den Hephaistos am laufenden Band. Zu lieben war ihre Bestimmung, Treue oder gar sexuelle Zurückhaltung waren ihr fremd.

Am liebsten trieb es Aphrodite mit dem Gott des Krieges, mit Ares. Dieser Ares, ich sage es gleich ganz offen, ist mir der unsympathischste Gott im ganzen Olymp. Dieser Ares ist ein Hartholzkopf, ein Schlagetot, einer, der sich sofort für jeden Unfug in Reih und Glied drängen läßt. Er ist derjenige, der sich nur im männerbündnerischen Einklang wohl fühlt, der Weitbrunzwettbewerbe im dampfenden Morgengrauen veranstaltet. Er ist derjenige, der mit Baseballschlägern auf die Schwächeren eindrischt, er ist derjenige, der bedenkenlos und gedankenlos die Kriege anzettelt. Das ist Ares, unsympathisch.

Er trieb es mit Aphrodite bei jeder Gelegenheit. Er hat ihr auch mehrere Kinder gemacht. Hephaistos wußte es nicht. Alle Götter wußten es, nur Hephaistos wußte es nicht.

Helios, der Sonnengott, brachte es schließlich ans Licht, er verriet es dem Hephaistos.

Hephaistos dachte sich eine List aus. Er schmiedete ein wunderbares Netz, das so hart war wie Stahl und so fein wie Spinnwebe. Das hängte er heimlich über sein Bett und tat dann so, als ob er nach Lemnos zu seinen Verehrern aufbreche. Kaum war er um die Ecke, wälzten sich Aphrodite und Ares in dem Bett. Aber plötzlich fiel, durch einen Mechanismus ausgeklinkt, das Netz herunter und fesselte die beiden, so daß sie sich nicht mehr rühren konnten.

Da trat Hephaistos hervor und zeigte auf Aphrodite und Ares und rief alle Götter herbei und beschuldigte Aphrodite des Ehebruchs. Er forderte die Hochzeitsgeschenke zurück.

Die Götter lachten über Hephaistos, weil er der Gehörnte war. Aber dann lachten sie auch über Ares und Aphrodite. Und über Ares und Aphrodite lachten sie noch mehr als über Hephaistos. Das war die Rache des Gehörnten. Etwas psychologisch höchst Raffiniertes zeigt sich hier, ähnlich wie bei dem Thron für Hera, daß ein Mensch – ein Gott ebenso – dann am lächerlichsten ist, wenn er gezwungen wird zu tun, was ihm das Liebste ist. Das ist hinten herum gedacht, unverschämt schlau kalkuliert. Hera saß am liebsten bei Tisch und aß, also hat sie Hephaistos dort hingenagelt, Aphrodite wälzte sich am liebsten mit Ares im Bett, also hat er sie dort gefangengehalten.

Es gibt noch eine sehr schöne Geschichte über Hephaistos, die seine Widersprüchlichkeit deutlich macht, auch seine Widersprüchlichkeit gegenüber dem Göttervater Zeus. Es gab zwischen Zeus und Hera ja, wie ich schon erzählte, des öfteren Streit. Sie kibbelten und kabbelten bei jeder Gelegenheit. Der Held Herakles zum Beispiel, der Lieblingsheld des Zeus, er wurde von Hera gehaßt. Sie versuchte ihn zu vernichten. Bei jeder Gelegenheit warf sie ihm Knüppel zwischen die Füße. Wegen Herakles kam es dann auch zum ganz großen Streit zwischen Zeus und Hera.

Dieser Streit war so heftig, daß Zeus sagte: »So, jetzt ist Schluß! Ich will nicht mehr!« Er packte seine Frau Hera und hängte sie an den Armen auf. Damit sie auch ja ordentlich Schmerzen hätte, befestigte er an ihren Füßen zwei Ambosse. So dehnte er sie in die Länge. Es muß eine entsetzliche Folter gewesen sein.

Es war ausgerechnet Hephaistos, der von Hera verachtete, gehaßte Sohn, der seine Mutter befreite. Unberechenbar, wie er war, hatte er sich nicht auf die Seite des Göttervaters gestellt, sondern auf die Seite der Mutter. Dafür wurde er von Zeus ein zweites Mal vom Himmel geschleudert. Wieder flog er zwölf Stunden.

Aber auch das trug er Zeus nicht nach, und als Zeus schließlich von ihm forderte, er solle die Ketten schmieden, mit denen der arme, große Titan Prometheus, der uns Menschen erst gemacht hatte, an den Kaukasus gefesselt werden sollte, da war er diensteifrig wie eine Biene, der Hephaistos. Schmiedete brav diese Ketten und übergab sie Zeus, damit dieser den Prometheus aufs scheußlichste bestrafen konnte.

Eine Gottheit, die einerseits in vieler Hinsicht Verwandtschaft mit Hephaistos aufweist, die aber auf der anderen Seite das nur denkbare Gegenteil des Götterschmiedes darstellt, ist Pallas Athene. Diese Gottheit hätte alles gehabt, um in einer weiteren Entwicklung der Mythologie dem höchsten Gott Zeus den Rang abzulaufen. Vielleicht hat sie es ja längst getan, vielleicht herrscht sie längst über uns, ohne daß wir es merken. Vielleicht ist gerade das Rezept ihres Erfolges: nur aus Prinzipien heraus zu handeln, sich hinter den Begriffen zu verschanzen, sich ganz in pure, bare Vernunft zu kleiden.

In vielen Gegenden Griechenlands wurde Athene mehr verehrt als Zeus. Sie ist der schillernde Geist des Olymps. Auch ihre Geburt ging in gewisser Hinsicht autogam vor sich.

Zeus wollte seiner Frau beweisen, daß er das auch konnte: ohne einen Gegenpart, allein aus sich selbst heraus Leben zu erschaffen. Ganz gelang ihm das freilich nicht, das sei gleich gesagt. Er war zu jener Zeit verliebt in die Titanin Metis. Metis wollte sich nicht von Zeus beschlafen lassen, sie versteckte sich vor ihm, sie lief vor ihm davon, sie verwandelte sich in alle möglichen Pflanzen und auch in alle möglichen Tiere, verkrümmte sich in die unmöglichsten Formen.

Aber Zeus stellte ihr weiter nach, und da beging die süße Metis einen Fehler: Sie verwandelte sich in eine Fliege. Sie dachte wohl, in dieser Gestalt sei sie am schwersten zu finden. Aber Zeus fing die Fliege mit einem Husch und verschluckte sie. Als sie nun in Zeus' Leib war, kroch sie durch seine Adern, durch seine Hohlräume nach oben. Auf wunderbare Art wurde sie im Körper des Gottes befruchtet – wie das vor sich ging, wollen wir gar nicht erst versuchen zu beschreiben.

Zeus wollte Metis zwar beschlafen, aber er wollte keinen Sohn von ihr haben. Es war ihm nämlich geweissagt worden, daß, wenn er von Metis einen Sohn bekäme, dieser mächtiger sei als er. Das wollte er verhindern, aber nun war Metis schwanger, und sie kroch in seinen Kopf hinauf. Zeus hatte Schmerzen, und er hatte Angst. Die Leibesfrucht drückte von innen gegen seinen Schädel, blähte ihn auf, und der Götterschmied Hephaistos mußte gerufen werden.

Hephaistos löste das Problem auf ganz handwerkliche Art und Weise. Er nahm ein Beil und spaltete dem Zeus den Schädel. Aus der gespaltenen Stirn stieg Pallas Athene, in kompletter Rüstung, schon voll ausgewachsen.

Athene war also eine Kopfgeburt des Zeus. Hephaistos war ihre Hebamme gewesen, und er liebte sie über alles. Zu ihr war er weder unverschämt noch grob, er war eher unterwürfig. Athene verspottete ihn, wie die anderen Götter es auch taten. Nur in einem Punkt war sie mit ihm einer Meinung. Beide konnten sie den dummen Haudegen Ares nicht leiden.

Athene verkörpert das Gegenteil des Hephaistos, sie ist die Inspirierte. Sie ist der Geist, während Hephaistos das erdgebundene Handwerk darstellt. Hephaistos kann mit Hilfe des Feuers die wunderbarsten Dinge hervorbringen, während ihm aber letztendlich die Inspiration, die Sonne fehlt. Das Feuer, so erzählt die Sage, war immer nur die Nachahmung der Sonne. Die Tat ist immer nur der Nachvollzug des Gedankens. Athene verkörpert wie keine andere Gottheit den Geist.

Athene war zur Jungfrau bestimmt. Ihr Körper sollte keinen Samen aufnehmen. Nie schlief sie mit einem Mann. Eines Tages kam sie zu Hephaistos in die Götterschmiede, weil sie sich bei ihm eine neue Rüstung bestellen wollte. Natürlich hätte er ihr die schönste Rüstung gemacht, weil er sie ja innig liebte. Sie beugte sich so schön über den Schmiedetisch, als er ihr die Maße abnahm, daß er sich nicht mehr beherrschen konnte und über sie herfallen wollte. Die Leidenschaft ging mit ihm durch. Er wollte sie vergewaltigen. Hephaistos war stark, hatte wuchtige Muskeln an seinen Armen. Allein, Athene war er nicht gewachsen. In letzter Sekunde stieß sie den Hephaistos von sich. Aber Hephaistos war schon soweit, sein Samen spritzte auf ihren Schenkel. Das löste in ihr einen Ekel aus, schnell wischte sie diesen Samen weg. Der Samen flog vom Olymp herunter auf die Erde. Aus diesem Samen, der von den spitzen Fingern der Athene berührt worden war, erwuchs ein merkwürdiges Zwitterwesen, nämlich der Erichthonios. Das war ein Wesen, halb Mensch, halb Schlange. Der Unterleib war von einer Schlange. Er war der Sohn des Hephaistos, nur des Hephaistos, darauf legte Athene wert. Aber sie war doch irgendwie gerührt von dieser großen Leidenschaft des Hephaistos, und sie nahm Erichthonios zu sich. Von nun an trug sie dieses Wesen an ihrer Brust und hegte und pflegte es. Dieser Erichthonios wurde später auch ein großer Erfinder, er hat das Rad erfunden. Er konnte sich ja nicht recht fortbewegen, weil er einen Schlangenunterleib hatte.

So zeigt sich doch, daß eine zwar untergründige, aber doch enge Beziehung zwischen Athene und Hephaistos bestand.

Athene liebte die Helden. Sie liebte Herakles, Perseus, Diomedes. Vor allem aber liebte sie den Odysseus. Intelligenz und Mut zogen sie an. Tollkühnheit dagegen stieß sie ab.

Sie war die Schutzgöttin der Stadt Athen. Sie hatte sich diese Funktion durch Abstimmung der Bürger zusichern lassen. Denn auch Poseidon, der Gott des Meeres, wollte

Athen als seine Stadt haben. Athene schlug vor, daß die Bürger selber wählen sollten: »Jeder von uns beiden«, sagte sie zu Poseidon, »soll den Bürgern ein Geschenk geben, und sie sollen dann zwischen uns wählen.«

Der plumpe Poseidon sagte: »Jawohl. Die wollen eine Quelle haben, das ist doch ganz klar.«

Er ließ einen Bach durch Athen fließen und dachte, jetzt werden sie sich für mich entscheiden, denn Wasser braucht der Mensch. Er hatte aber nicht richtig nachgedacht und der Stadt das falsche Wasser gegeben, nämlich Meerwasser. Damit kann kein Mensch etwas anfangen, wenn ein Bach mit Meerwasser durch seinen Ort fließt.

Athene hingegen ließ ein schlichtes Bäumchen sprießen – einen Ölbaum. Was für ein Reichtum! Der Ölbaum, das wissen wir, ist beinahe so etwas wie das Symbol ganz Griechenlands, der Reichtum des Landes. Natürlich entschieden sich die Athener für Pallas Athene.

Noch eine kleine Bemerkung: Wenn der Besucher in Wien vor dem Parlamentsgebäude steht, wird er eine große Statue vor sich sehen, eine weibliche Figur mit einem prächtigen goldenen Helm auf dem Kopf. Das ist Pallas Athene. Denn sie ist ja auch die Göttin der Weisheit, und die Parlamentarier werden sich etwas dabei gedacht haben, ausgerechnet diese Gottheit vor ihrem Haus aufzustellen.

Es ist nicht schwierig, Sympathie für diese kluge Göttin zu empfinden. Und daß sie eitel war, das verzeiht man ihr gern. Obwohl sie von keinem Mann besessen werden wollte, wollte sie dennoch von allen bewundert werden. Daß Paris, der Sohn des trojanischen Königs Priamos, die Aphrodite ihr vorgezogen hatte, war ihr Grund genug, den entsetzlichsten Krieg der griechischen Sagenwelt zu entfesseln. Die Geschichte sei hier nur skizziert:

Paris sollte der schönsten Göttin einen goldenen Apfel geben, zur Auswahl standen Hera, Aphrodite und Athene. Er entschied sich nicht für Athene, sondern für die Göttin der Liebe, weil ihm diese die schönste Frau der Welt versprochen hatte. Das hat Athene so gekränkt, daß sie auf der Stelle die Stadt Troja dem Erdboden gleichmachen wollte und sich nur sehr schwer und auch nur durch ein Machtwort des Zeus davon abhalten ließ. Aber selbstverständlich kämpfte sie im Trojanischen Krieg auf der Seite der Griechen.

Die wunderschöne Medusa behauptete irgendwann einmal, sie sei mindestens so schön wie Athene, vielleicht sogar noch schöner; worauf Athene sie in ein häßliches Monster verwandelte. Also, rachsüchtig war sie auch.

Sie ließ sich gerne schmeicheln, aber sie ließ sich nur auf intelligente Art und Weise schmeicheln. Dumpfe Anmache fiel bei ihr durch. Ihre Feindschaft zu Ares sorgte oft für Trubel im Götterhimmel. Ares war zwar ein kriegslüsterner Raufbold, aber den totalen Krieg, den Vernichtungskrieg, den hat Pallas Athene erfunden. Sie war die Strategin im Kampf, und wenn sie einen Feind vor sich hatte, oder wenn sie einem Helden half, der einen Feind vor sich hatte, so war ihre Lösung stets eine endgültige Lösung – die Vernichtung. Bei geringstmöglichem Aufwand sollte der größtmögliche Effekt erzielt werden. Nur die absolute Vernichtung des Feindes konnte garantieren, daß einen dieser Feind in Zukunft unbehelligt lassen würde.

Wenn man die Götter Ares und Athene in unsere Zeit versetzte, hätte ich ohne Frage größere Angst vor Pallas

Athene. Pallas Athene ist die Göttin der Atombombe. Ares ist grausam und blutsüchig, aber der atomare Overkill wäre ihm nie eingefallen.

Aber nun zu Hermes. Er ist der Götterbote, die Lateiner nannten ihn Mercurius. Er war auch der Gott der Diebe, der Gott der Kaufleute, der Gott der Zwischenträger. Ich möchte zunächst von seiner Geburt erzählen:

Jedesmal, wenn Hera schlief, schlich sich Zeus zu jener Zeit vom Olymp herunter und kroch in die Höhle und ins Bett der Maia, der wunderhübschen Tochter des Atlas. Die beiden waren ein trautes Liebespaar. Zeus liebte die Nymphe wirklich. Zeus schlief ja auch mit anderen, mit Nymphen und Göttinnen, ohne daß er sie gleich liebte, nur weil er sie begehrte, eben weil er unter diesem Zeugungszwang stand. Aber die Atlastochter Maia, die liebte er wirklich. Sie umarmten sich in ihrer Höhle, und aus dieser Liebesbeziehung wurde Hermes.

Hermes war ein ganz außergewöhnliches Baby, das kann man wohl sagen. Ich will von seinem ersten Tag erzählen: Hermes wurde am Morgen geboren, und am Mittag bereits war er so pfiffig, daß er sich aus den Windeln strampelte, sich aus seiner Wiege wälzte und zur Höhle hinauskroch. Dort erhob er sich auf seine Beinchen, schaute in den strahlenden Tag und überlegte sich, was er an seinem ersten Tag auf dieser Erde, an seinem ersten Tag im Sein anstellen könnte. Und wie er sich die Sonnenstrahlen auf seine Nase scheinen ließ, da kam eine breite Meeresschildkröte angekrochen. Die gefiel ihm, und sie gefiel ihm doch wieder nicht, sie schaute in dieser merkwürdigen Art, wie Echsen eben schauen. Das ärgerte ihn, und er stürzte sich auf sie und würgte sie zu Tode. Er bewunderte den großen Rückenpanzer, und mit der Kraft eines Gottes riß er diesen Rückenpanzer von der toten Schildkröte, reinigte ihn und setzte sich hinein und sang ein Lied und merkte, daß es anders klang, als wenn er nicht in einem solchen Panzer saß – daß es nämlich interessanter klang.

Da kam ihm die Idee, diesen Hohlkörper zu bespannen. Er sah vor sich ein paar Kühe, auch die kamen ihm interessant vor, er hatte noch nie Kühe gesehen. Auch das Würgen war ihm interessant vorgekommen, und so würgte er nun auch eine Kuh zu Tode. Dann riß er ihr die Gedärme aus dem Leib, säuberte sie, drehte und dehnte sie – inzwischen wird es wohl Mittag geworden sein – und machte aus diesen Gedärmen Saiten. Die Saiten spannte er über den Panzer der Schildkröte, und damit hatte er die Lyra erfunden, oder die Kithara, wie das Instrument auch genannt wurde. Wir heute sagen: die Gitarre. Es ist eine sehr schöne Vorstellung, wenn ich mir denke, daß die Stratocaster eines Jimi Hendrix von diesem Instrument abstammt. Vielleicht rührt daher meine Sympathie für den Gott Hermes.

Aber das war noch nicht genug. Der erste Tag des neuen Gottes hatte erst begonnen. Die Lyra, die buckelte er sich auf, und so schritt er weiter hinaus in die Welt. Zunächst traf er wieder auf diese Herde Kühe, von denen er bereits eine geschlachtet hatte. Die Kühe gefielen ihm, und er trieb sie vor sich her, er stahl sie. Er wußte allerdings nicht, daß diese Kühe seinem Halbbruder Apoll gehörten.

Er trieb die Kühe vor sich her, dann überlegte er: »Es könnte ja sein, daß mir einer folgt.«

Also packte er alle fünfzig Kühe am Schwanz – wie er das angestellt hat, wissen wir nicht, Hermes ist ein Gott. Er band sich Zweige an die Füße, um seine Spuren zu verwischen. Mit einer Hand packte er sie alle fünfzig am Schwanz, diese Kühe, zog sie rückwärts davon, damit jemand, der Spuren lesen konnte, meinen sollte, sie seien in die andere Richtung gegangen. Mit der freien Hand zupfte er seine Lyra. So zog er diese Kühe quer durch ganz Griechenland.

Jetzt dürfte es so gegen vierzehn Uhr gewesen sein, nach unserer Zeitrechnung. Da war er es leid, und er schaute diese Tiere an, die wiederum ihn anschauten, wiederkäuend, wahrscheinlich auch zornig, weil er sie so mißhandelt hatte. Er wollte sie kurzerhand umbringen.

Da kam zufällig ein Hirte des Weges, Bathos hieß dieser Hirte, das ist verbürgt, und der staunte darüber, daß ein kleines Baby fünfzig Kühe an den Schwänzen hielt.

Hermes sagte zu dem Bathos: »Du, du hast mich gesehen.«

»Ja«, sagte Bathos, »ich hab' dich gesehen.«

Sagt Hermes: »Du, du wirst aber niemandem verraten, daß du mich gesehen hast.«

Und Bathos sagte: »Nein, ich werde niemandem verraten, daß ich dich gesehen habe.«

»Na gut«, sagte Hermes, »das mußt du mir aber versprechen.«

»Ja«, sagte Bathos, »das will ich dir versprechen.«

»Du sollst es mir aber schwören«, sagte Hermes.

»Das schwöre ich dir«, sagte Bathos.

»Bei was willst du es mir schwören?«

Bathos beging einen großen Fehler. Wir sagten es bereits: Man soll sich mit Göttern nicht einlassen. Und er mußte ja gesehen haben, daß er es hier mit einem Gott zu tun hatte. Er sagte: »Wenn ich irgend etwas verrate, dann soll ich zu Stein werden.«

Na gut, da war Hermes froh und zog die geklauten Kühe weiter und dachte: »Ich werde sie irgendwoanders schlachten.«

Aber dann wurde er mißtrauisch. Er band die Kühe zusammen und schlich zurück und sah, daß Bathos mit jemandem sprach, und er sah, das war der Gott Apoll. Denn ein Gott erkennt sofort einen anderen Gott, auch wenn er ihn noch niemals vorher gesehen hat. Apoll war den Spuren seiner Herde gefolgt, er hatte sich von den verkehrten Abdrücken der Hufe nicht bluffen lassen, und er war auf Bathos getroffen.

Apoll hatte gesagt: »Bathos, ich bin der Gott Apoll, du wirst mir die Wahrheit sagen.«

Bathos rückte damit heraus.

»Aha«, dachte Hermes, der alles sah und hörte. »Aha! Dieser Bathos, der wird sein blaues Wunder erleben!«

Als Apoll weg war, verkleidete sich Hermes. – Wir dürfen nicht vergessen, daß er ein Baby ist. – Er trat zu Bathos hin und sagte: »Sag mal, Bathos, kennst du mich?«

»Nein«, sagte Bathos.

»Sag mal, Bathos, wirst du mir nicht sagen, ob du jemanden mit Kühen gesehen hast?«

»Ich habe niemanden mit Kühen gesehen«, sagte Bathos.

»Ja, aber«, sagte Hermes, »ich würde dir doch die Hälfte dieser Kühe geben, wenn du mir etwas sagen willst.«

Da war Bathos dann doch ziemlich gierig auf dieses Vieh, und er sagte: »Ja, ich erinnere mich, ich habe da tatsächlich jemanden gesehen mit Kühen.«

Da gab sich Hermes zu erkennen und sagte: »So, Bathos, du hast selbst gesagt, du möchtest ein Stein werden, wenn du mich verrätst.«

Und Bathos war ein Stein. – Diesen Stein kann man noch heute in Griechenland sehen. Es ist ein gekrümmter Stein, der aussieht, als ob dort jemand kauern würde.

Dann machte sich Hermes daran, die fünfzig Tiere zu schlachten. Ich schätze, wir sind jetzt so gegen sechzehn Uhr. Er schlachtete alle fünfzig Tiere, verbrannte ihre Hörner, verbrannte ihre Hufe und opferte das leckere Fleisch den Göttern.

Dann kroch er wieder in seine Höhle zurück. Legte sich scheinheilig in seine Windeln. Apoll kam, denn er ahnte, daß hinter dem Diebstahl seiner Herde ein Gott stecken mußte – ein neuer Gott, der über die Gepflogenheiten der Götter untereinander noch nicht Bescheid wußte.

Apoll stellte sich vor die Wiege und sagte: »Hermes, du hast mir die Kühe gestohlen.«

Hermes sagte: »Kühe? Was ist Kühe?«

Apoll sagte: »Kühe ist die Mehrzahl von Kuh.«

»Ich weiß nicht, was Kuh bedeutet«, sagte Hermes.

»Ach, ich glaube dir nicht«, sagte Apoll.

Er hob das Baby aus der Wiege, trug es vor den Göttervater Zeus und klagte es an.

Er sagte: »Der da, dieser Hermes, dein Sohn, hat mir die Herde gestohlen.«

Während der Verhandlung wurde Hermes noch frecher. Er entwendete seinem Ankläger Apoll hinterrücks die Pfeile und den Bogen, die Waffen, auf die Apoll so stolz war.

Zeus hatte es bemerkt, aber er hatte Gefallen an seinem Sohn Hermes, und seit eh und je hatte ihm Apoll nicht gepaßt. Er sagte: »Hermes, gib zu, daß du die Kühe gestohlen hast. Es sind ja nur Kühe, es wäre doch viel schlimmer, wenn du ihm seine Waffen weggenommen hättest.«

Hermes gab schließlich alles zu, auch den Waffendiebstahl, und es gelang ihm sogar, den Zorn des Apoll zu besänftigen. Er sagte: »Ich zeige dir etwas. Bevor du zornig wirst, laß dir etwas zeigen.«

Er holte die Lyra hervor und spielte. Der Musengott Apoll war voll der Bewunderung, voll des Entzückens über die nie gehörten Klänge, die Hermes dem Panzer der Schildkröte entlockte.

Hermes sagte: »Du, ich schenke dir das. Das ist mein Geschenk an dich.«

Und von diesem Tag an waren Apoll und Hermes gute Freunde.

Hermes fürchtete sich vor der Göttermutter Hera. Sie sah in ihm eine Frucht des Betrugs. Hermes erschlich sich mit einer List ihre Gunst. Er verkauerte sich ganz eng in seine Windeln und lispelte: »Ich bin Ares, dein Sohn.«

Sie nahm ihn auf den Schoß und säugte ihn an ihrer Brust. Erst später, als sie sich an dieses warme, kleine Paket gewöhnt hatte, gab er zu, daß er Hermes sei. Aber da war sie ihm schon nicht mehr böse.

Listenreich war Hermes und liebenswürdig. Er war es auch, der die Seelen der Toten in den Hades führte. Er tat dies auf sehr sanfte, sehr liebevolle Art. Psychopompos wurde er dann genannt, der Seelenführer.

Eines Tages war auch Zeus auf die Hilfe des Hermes angewiesen, und bei dieser Gelegenheit hätte Hermes die Macht im Olymp an sich reißen können. Aber er tat es nicht. Zeus war nämlich durch verwickelte Umstände der Gefangene des Typhon geworden. Typhon ist ein Monster mit hundert Schlangenköpfen, die in allen Sprachen sprechen konnten, in der Sprache der Götter, der Tiere, der Menschen. Und dieses Monster überwältigte den obersten Gott Zeus und schnitt ihm sämtliche Sehnen aus seinem Körper. Es gab die Sehnen einem Drachen zur Aufbewahrung. Zeus lag hilflos da, konnte sich nicht bewegen, und Hermes kam und schleppte den Göttervater in Sicherheit. Er raubte dem Drachen die Sehnen, setzte sie seinem Vater wieder ein und gab ihm damit die Macht zurück. Er nutzte die Schwäche des Zeus nicht aus.

Aber Zeus rächte sich um so fürchterlicher an dem Monster Typhon. Er hob die Insel Sizilien hoch und warf sie dem Unhold nach. Er begrub den Typhon unter der Insel. Manchmal holt das Monster kräftig feurigen Atem und stößt ihn aus, und das ist dann, wenn der Ätna auf Sizilien spuckt.

Hermes gehört zu meinen Lieblingsgöttern. Aber ich will noch von einem anderen Gott erzählen. Absichtlich wähle ich einen unbekannten aus, dessen Dasein aber für uns Menschen existenzbedingend ist. Denn aus seiner Geschichte erklärt sich unsere Entstehung. Es ist die Geschichte von Zagreus.

Zeus schlief mit seiner Schwester Demeter, und sie gebar die wunderschöne Kore. Später, als Göttin der Unterwelt, wird sie Persephone heißen. Zwei Sätze möchte ich zu ihr sagen. Für mich ist Persephone die Verkörpe-

rung des Manisch-Depressiven. Die eine Hälfte des Jah-
res lebt sie als Königin der Unterwelt unter den grauen
Schatten der Toten, die zweite Hälfte darf sie bei den Göttern im Olymp verbringen. Von der Finsternis zum Licht,
von zu Tode betrübt zu himmelhoch jauchzend.

Kore, Persephone, muß sehr, sehr schön und sehr reiz-
voll gewesen sein, melancholisch, in sich zurückgezogen,
rätselhaft. Zeus, wie kann es anders sein, verliebte sich
in diese Tochter, und weil er ihre schlafwandlerische
Ruhe, die ihren Reiz ja erst ausmachte, nicht stören
wollte, verwandelte er sich in eine Schlange, und als Persephone eines Tages im Wald saß und traurig vor sich hin
blickte, kam er angekrochen und kroch durch ihre Vulva
in ihren Körper. Persephone wurde schwanger.

Persephone wurde schwanger mit Zagreus, des obersten Gottes eingeborenem Sohn. Weil Zeus sie besonders
liebte, dreifach liebte, liebte er auch ihren Sohn Zagreus
und zog ihn allen seinen Kindern vor. Diesen Sohn setzte
er als seinen Erben ein.

Er sagte: »Er soll einmal meine ganze Macht, meinen
ganzen Reichtum und all mein Können und Wissen erben.«

Zagreus ist der Gottessohn.

Auf diesen Zagreus war Hera besonders eifersüchtig.
Deshalb versteckte ihn Zeus in einer Höhle, ließ ihn bewachen, und zwar von jenen Göttern, von denen auch er
als Kind bewacht worden war, nämlich von den Kureten,
die so laut auf ihre Schilde trommeln konnten, daß man
das Schreien des Kindes nicht hörte.

Aber Hera haßte diesen Zagreus so sehr, wie ihr Gatte
ihn liebte, und sie rief die Titanen, die in dieser Sage das
Böse schlechthin verkörpern.

Sie befahl ihnen: »Findet mir den Zagreus, tötet ihn!«

Die Titanen suchten den Zagreus auf der ganzen Welt, und sie fanden ihn in der Höhle, von den Kureten bewacht. Ein liebenswürdiges, ganz naives Kind. Die Kureten sind schnell vertrieben, aber Zagreus verkriecht sich in der Höhle, und die Höhle ist zu klein für die Titanen. Sie versuchen, ihn herauszulocken. Sie versprechen ihm allerlei – Äpfel, die, wenn er sie unter seinem Hemd trägt, ihn aussehen lassen wie eine Frau. Sie versprechen ihm, daß er die Sprache der Tiere verstehen, daß er auf den Wolken liege könne. Aber all das lockt ihn nicht heraus.

Da schieben sie ihm einen Spiegel in die Höhle. Das ist nun etwas Interessantes. Zagreus kommt heraus, weil in der Höhle zuwenig Licht ist, er blickt in den Spiegel, und er sieht sein eigenes Bild. Er beginnt über sich nachzudenken. Dem Menschen ist ja nichts so interessant wie er selbst. Er ist so fasziniert von sich selbst, daß er vergißt, vorsichtig zu sein. Da stürzen sich die Titanen auf ihn. Zagreus kann sich gerade noch in einen Löwen verwandeln. Aber das hilft ihm nichts mehr. Er verwandelt sich in einen Stier. Es nützt ihm nichts. Die Titanen zerreißen ihn, zerfetzen seinen Körper und fressen die Teile auf.

Zeus erfährt davon. Er ist zutiefst betrübt, und er ist auch gekränkt. Der Schmerz erfüllt ihn ganz. Er schleudert seine Blitzpfeile auf die Titanen und läßt sie zu Asche verbrennen.

In dieser Asche vereinigen sich zwei Prinzipien, sind zwei Lebensentwürfe zusammengebrannt: das Gute schlechthin, Zagreus, die Liebe, der Glanz, die Schönheit – und das Böse schlechthin, die Titanen, das Grauenhafte, das Häßliche.

Diese Asche lag nun da. Es regnete darauf, und sie wurde zu einem knetbaren Brei. Da kam Prometheus, der Titan, ein Halbbruder von Zeus, und formte aus ihr den Menschen. Hierin liegt die Antwort auf die Frage, warum in uns Menschen Gutes und Böses gleichzeitig enthalten sind. Nämlich weil wir aus der Asche der Titanen und des Zagreus geformt sind.

> Bedecke deinen Himmel, Zeus,
> Mit Wolkendunst
> Und übe, dem Knaben gleich,
> Der Disteln köpft,
> An Eichen dich und Bergeshöhn;
> Mußt mir meine Erde
> Doch lassen stehn
> Und meine Hütte, die du nicht gebaut,
> Und meinen Herd,
> Um dessen Glut
> Du mich beneidest.

Wer kennt nicht diese Verse von Goethe?

Prometheus ist das Urbild des Rebellen. Am Schluß des Gedichtes heißt es:

> Hier sitz ich, forme Menschen
> Nach meinem Bilde,
> Ein Geschlecht, das mir gleich sei,
> Zu leiden, zu weinen,
> Zu genießen und zu freuen sich,
> Und dein nicht zu achten,
> Wie ich!

Das ist Prometheus.

Prometheus hat den Menschen gemacht. Er war stets

der Vorkämpfer des Menschen. So steht es bei Hesiod in der Theogonie, und so erfahren wir es auch aus den Dramen des Aischylos. Prometheus ist eine Erlöserfigur.

Er hat uns Menschen gemacht, und das ausdrücklich gegen den Willen des Zeus. Das hat Zeus nicht gerne gesehen. Er wollte den Menschen aushungern, indem er von ihm Opfer forderte. Zeus dachte sich: »Wenn ich fordere« – eine Seinssteuer ist das gewissermaßen –, »wenn ich das Fleisch der Schlachttiere, das Beste und Nahrhafteste also, von ihnen fordere, dann werden sie nicht überleben können, dann werden sie für den Daseinskampf zu schwach sein.«

Prometheus half uns. Er betrog den Gott. Er häufte die Innereien und die Knochen der Schlachttiere aufeinander und deckte sie mit Fett zu. Dann nahm er den Magen, und in den häßlichen, unappetitlich aussehenden Magen füllte er die besten Teile, nämlich das rote Muskelfleisch.

Er sagte zu Zeus: »Gut, meine Menschen werden dir opfern. Bitte, wähle aus: Welchen Haufen möchtest du haben?«

Zeus dachte: »Was können sie schon mit dem unappetitlichen, häßlichen Magen anfangen! Wenn ich ihnen das schöne Fett nehme, dann werden sie zugrunde gehen.«

Und er zeigte auf den Fetthaufen und fiel damit auf die List des Prometheus herein. Einen einmal gefaßten Entschluß kann Zeus nicht rückgängig machen. Er ist ein Gott. Götter irren sich nicht. Und wenn doch, dann dürfen sie es nicht zugeben.

Deshalb werden von diesem Tag an nur das Fett und die Innereien und die Knochen geopfert. Aber das gute, rote Muskelfleisch, das dem Menschen so schmeckt, hat er stets für sich behalten.

Nur, was sollte er mit diesem Fleisch anfangen? Sollte er roh hineinbeißen? Was sollte er mit dem Fleisch anfangen ohne Feuer? Prometheus half auch diesmal. Er stahl das Feuer aus der Werkstatt des Hephaistos. Er brachte es den Menschen.

Und als Zeus nachts von seinem Olymp herabblickte, sah er überall kleine, flackernde Lichter. Man kann sich vorstellen, wie das ist, wenn er auf unsere Großstädte herunterschaut. So viele Lichter! Wohin, würde er sich denken, wohin hat es die Kreatur des Prometheus gebracht! – Er verfluchte den Prometheus. Er beschloß, ihn zu bestrafen. Er befahl Hephaistos, den Prometheus mit Ketten an den Felsen des Kaukasus zu schmieden.

Diese Erlöserfigur war mit ausgebreiteten Armen an den Kaukasus genagelt, und ein Adler kam am Tag und hackte ihm die Leber aus dem Körper, und in der Nacht wuchs die Leber wieder nach. Und das Herauspicken verursachte nicht weniger Schmerzen als das schnelle Nachwachsen. Und das sollte auf ewig sein. Denn Prometheus war unsterblich.

Diese Grausamkeit war die Strafe dafür, daß Prometheus den Menschen geschaffen hat.

Etwas läßt uns staunen: Nirgendwo steht, daß die Menschen den Prometheus besonders liebten. Es gibt in fast allen Mythologien Parallelfiguren zu Prometheus. Die Finnen haben ihren Väinämöinen, der auch nicht geliebt wird, und dann ist da Luzifer, das heißt »Lichtträger«, auch er ist eine Parallelfigur zum Prometheus. Der Lichtträger ist der Engel, der das Feuer bringt, und just den hat das Christentum zum Teufel gemacht.

Warum lieben wir diese Figur nicht? Sie müßte uns doch näherstehen als alle anderen Figuren im Götterhimmel. – Ich weiß es nicht!

Am Ende wurde Prometheus doch noch befreit. Eine Version berichtet, Herakles sei sein Retter gewesen, eine andere erzählt, Zeus selbst habe ihn begnadigt. Jedenfalls, als sich Zeus an Thetis, die Wassernymphe, heranmachen wollte, warnte Prometheus vom Kaukasus herab den Göttervater: »Der Sohn, den diese Nymphe zur Welt bringen wird, wird mächtiger und stärker sein als sein Vater.«

Zeus ließ von Thetis ab. Als Dank für seine Warnung löste er Prometheus' Fesseln und ließ ihn frei.

Von Prometheus soll der Spruch stammen: »Nimm keine Geschenke von den Göttern an.« – Er hatte einen Bruder, Epimetheus – Prometheus heißt der »Vorausdenkende«, Epimetheus heißt der »Hinterherdenkende« –, diesem Epimetheus schenkte Zeus eines Tages eine Frau, nämlich die Pandora. Hephaistos hatte sie nach dem Vorbild der Aphrodite geschaffen.

Prometheus sagte zu seinem Bruder: »Nimm sie nicht an. Von den Göttern nimmt man kein Geschenke.«

Aber Epimetheus nahm das Göttergeschenk, denn Pandora war so schön wie die Göttin der Liebe. Sie brachte eine Büchse mit. In dieser Büchse befanden sich alle Leiden, und sie drängten auf die Welt, um die Menschen zu quälen.

Prometheus sagte seinem Bruder: »Laß die Büchse der Pandora geschlossen. Öffne sie nicht!«

Aber Epimetheus folgte wieder nicht dem Ratschlag seines Bruders. Er öffnete die Büchse, und die Leiden flogen heraus. Schnell schloß Prometheus die Büchse wieder. Aber unten am Boden der Büchse war nur noch die Hoffnung, und die blieb eingesperrt.

Die Hoffnung wurde von nun an von Prometheus verwaltet. Er hütete sie, und nie gab er einer seiner Kreaturen die ganze Hoffnung zu spüren. Die Hoffnung ist ein starkes Medikament. In reiner, unverdünnter Form kann sie uns schaden. Deshalb achtete Prometheus darauf, daß die Hoffnung nicht ohne die Erinnerung eingenommen wurde.

So mußte sich Prometheus sehr anstrengen, um seine Kreaturen über die Tage und über die Stunden, über die Jahre und die Jahrhunderte zu retten. Und er bekam nicht einmal Dank dafür. Ich korrigiere mich: Weder auf einen Gott noch auf einen anderen Titanen ist ein so herrliches Gedicht geschrieben worden wie das zuvor Zitierte. Ein wenig von unserer Schuld gegenüber Prometheus hat Goethe damit wohl abgetragen.

Perseus

*Von einem goldenen Regen – Von der Erfindung der
Steuer – Vom Umgang mit Spiegeln; von drei
stinkenden Frauen – Von Medusa und ihrem Haupt –
Von Pegasos – Von Atlas – Von Andromeda – Von einer
erfüllten Weissagung und einem glücklichen Ende*

Welchem Helden soll der Vorzug gegeben werden? Da ist
vor allem Herakles, der bedeutendste Heros der griechischen Antike. Die Römer übernahmen ihn und nannten
ihn Herkules. Er ist der klassische Held. Berühmt sind
seine zwölf Arbeiten, das waren zwölf Prüfungen, die er
zu bestehen hatte. Eine dieser Arbeiten machte mir als
Kind am meisten Spaß, weil es mir immer so schwerfiel
mein Zimmer aufzuräumen: Er sollte den Augiasstall
säubern. Herakles war klug und leitete einen Fluß durch
den Stall, hinterher war er so sauber, sagte mein Vater,
»wie eine Metzgerei in der Schweiz«.

All diesen Helden ist eigen, daß sie eine große Lebens-
aufgabe vor sich haben. Wir, während wir ihre Geschichten hören, fragen uns: »Schafft er es, oder schafft
er es nicht?« Ich hege die Vermutung, daß das Holly-
wood-Kino immer noch von dieser dramaturgischen
Grundfrage zehrt. Bei den meisten Filmen rührt die Spannung ja daher, daß wir uns fragen: »Schafft es unser Held,
oder schafft er es nicht?«

Ich möchte an dieser Stelle weder von Herakles,
dem Arbeiter, noch von Iason, dem Argonauten, weder
von Athens König Theseus noch von Bellerophon, dem

Pegasos-Bezwinger, erzählen, sondern von Perseus. Seine Geschichte beginnt wie ein Märchen – mit: Es war einmal...

Es war einmal ein König, der hieß Akrisios. Dieser König hatte eine Tochter, sie hieß Danaë. Dem König wurde geweissagt, daß er von seinem Enkel ermordet werden würde, ein Sohn seiner geliebten Tochter Danaë würde ihn töten.

Weil die Eigenliebe vor der Tochterliebe rangiert, beschloß König Akrisios, diese Gefahr ein für allemal auszuschalten. Er ließ einen bronzenen Turm bauen, und in diesen Turm sperrte er Danaë, als sie im heiratsfähigen Alter war. Der Turm war nur von oben zugänglich, vom Himmel aus, das Essen wurde dem Mädchen über die Zinnen geworfen. So, meinte Akrisios, könne er seine Tochter vor Freiern abschirmen.

Wir, die wir nun schon einiges über die griechische Mythologie erfahren haben, können nur den Kopf schütteln; denn Akrisios hat nicht mit dem leidenschaftlichsten aller Liebhaber gerechnet, nämlich mit Zeus. Zeus blickte vom Himmel herab, blickte hinein in diesen bronzenen Turm und sah die hübsche und heiratsfähige Danaë. In der Nacht, wenn das Erdenrund dunkel war, glitzerten ihre tränenerfüllten Augen durch den bronzenen Turm herauf zu ihm. Denn Danaë sehnte sich nach einem männlichen Widerpart.

Da verwandelte sich Zeus in einen Goldregen. Dieser Goldregen fiel über Nacht auf die schlafende Danaë und befruchtete sie, und Perseus war gezeugt.

Als Danaë diesen Götterknaben geboren hatte, wußte ihr Vater erst nicht, was er tun sollte, denn er hatte seine Tochter recht lieb und hätte gern so einen hübschen

Knaben als Enkel gehabt, aber der Orakelspruch saß ihm in den Knochen. Deshalb packte er seine Tochter, drückte ihr den Knaben in den Arm, verschloß die beiden in einen Korb und ließ den Korb auf dem Meer aussetzen. Er war sicher, eine solche Reise würden sie nicht überleben.

Aber Zeus war schließlich der Vater des Perseus, und er leitet die Geschicke, und er leitete auch den Korb. Der Korb wurde über das Meer getragen und strandete an einer Insel. Ein Hirte fand die Frau und das Kind, und dieser Hirte war ein sehr gütiger und liebevoller Mann, außerdem war er der Bruder des Königs dieser Insel.

Das schien günstig zu sein.

Aber der König war weder gütig noch liebevoll, er war begehrlich. Als er eines Tages seinen Bruder, den Hirten, besuchte, sah er Danaë in einer Ecke des Zimmers sitzen, die Haare waren ihr über das Gesicht gefallen, und er sagte: »Darf ich dein Gesicht sehen?«

Er hob die Haare mit seinem Stab beiseite und sah, daß es ein wunderschönes Mädchen war. Er verliebte sich in sie und stellte ihr von diesem Tag an nach.

Aber sein Bruder, der Hirte, beschützte Danaë, und bald war ja auch Perseus herangewachsen, und es gelang ihm durchaus, seine Mutter zu verteidigen.

Perseus, das muß erzählt werden, war ein hübscher, vielleicht auch etwas weich anzusehender junger Mann. Er war naiv, er war sogar sehr naiv, aber er war intelligent, das schließt sich ja gegenseitig nicht aus. Aber man konnte ihn durchaus in die Irre führen, Ironie oder gar bösen Witz vermochte er nicht zu durchschauen. Ja nahm er für Ja, und Nein nahm er für Nein.

Der begehrliche König dachte sich aus, wie er diesen Perseus aus dem Weg schaffen könnte. Umbringen wollte er ihn nicht, nur von seiner Mutter sollte er weg. Er erfand die Steuer. Alle heutigen Steuern verdanken wir diesem begehrlichen König.

Er verkündete: »Jeder Inselbewohner muß mir soundso viele Pferde abgeben!«

Perseus aber und seine Mutter besaßen keine Pferde.

Perseus schlug ihm vor: »Ich sehe ein, daß du Steuern einhebst. Aber ich habe keine Pferde. Ich werde dir etwas anderes dafür geben. Sag mir, was du möchtest.« – Das war die Naivität des Perseus.

Der begehrliche König sagte: »Ja, ich kann dir schon sagen, was ich möchte: Bring mir das Haupt der Gorgone Medusa!«

»Ja«, sagte Perseus, »wenn du das unbedingt möchtest, dann hole ich es dir.«

Dieses Gespräch war unter vier Augen geführt worden, darauf hatte der begehrliche König bestanden. Denn er wußte, jeder andere würde den Perseus warnen, würde sagen: »Es ist sinnlos, laß es, bleib zu Hause, niemals kannst du das Haupt der Medusa holen, denn die Medusa wird dich vernichten.«

Perseus sagte: »Ich werde die Steuer für mich und meine Mutter entrichten, ich werde dir das Haupt der Medusa bringen.«

Wer war diese Medusa? Perseus wußte es nicht. Darum wollen auch wir erst näher auf sie eingehen, wenn Perseus sie gefunden hat.

Perseus machte sich auf den Weg, er ging einfach drauflos, er war sehr zuversichtlich. Er dachte: »Ein guter Geist wird mich führen.«

Es gab auch einen guten Geist, der ihn führte, oder sagen wir besser eine Göttin, die ihn mit ihrer Sympathie begleitete. Es war Pallas Athene.

Pallas Athene, wir sagten es bereits, hat immer eine Vorliebe für die intelligenten Helden gehabt, auch für die naiven, wenn sie nur gleichzeitig auch intelligent waren.

Sie kam herunter vom Himmel. – Übrigens, das muß erwähnt werden, Athene erschien fast nie als sie selbst, sie schlüpfte immer in den Körper irgendeines Menschen. Was die solcherart Okkupierten davon hielten, das wird uns nicht berichtet. In was für eine Rolle sie schlüpfte, als sie Perseus traf, das weiß ich ebenfalls nicht.

Sie sagte: »Ich werde dir behilflich sein. Erstens bekommst du von mir einen Schild.« – Sie gab ihm einen Bronzeschild. Dieser Schild war auf Hochglanz poliert, er glänzte und spiegelte und funkelte. Perseus hatte noch nie einen solchen Schild gesehen.

Er sagte: »Der gefällt mir. Was soll ich mit diesem Schild?«

Sie sagte: »Schau hinein, was siehst du?«

Perseus staunte, denn er hatte noch nie sein Spiegelbild gesehen. Er sagte: »Ich sehe darin einen jungen Mann.«

Athene sagte: »Das bist du!«

Perseus sagte: »Das kann nicht ich sein, ich stehe ja hier draußen, und der da ist drinnen.«

Sie sagte: »Du siehst dein Spiegelbild.«

Perseus griff danach, aber er ertastete nur den Schild. Er fragte: »Wo ist mein Spiegelbild?«

Da sagte Athene zu ihm: »Es sieht genauso aus wie du. Aber in Wirklichkeit existiert es nicht.«

Er verstand das nicht, und sie sagte zu ihm: »Laß das nur so sein, wie ich es gesagt habe, aber merk dir eines: Einer großen Gefahr schaut man nie direkt ins Auge.«

Das merkte sich Perseus.

Dann sagte Athene noch: »Du mußt die Graien aufsuchen.«

Die Graien, das heißt: die Grauen, das sind alte, stinkende Frauen. »Die mußt du aufsuchen, es sind die Schwestern der Gorgonen. Die mußt du mit List und Tücke dazu bringen, dir zu sagen, wo die Gorgonen hausen.«

Athene wies ihm noch den Weg zu den Graien, dann verschwand sie.

Perseus marschierte weiter drauflos und nahm den Weg zu den Graien. Die leben irgendwo in Afrika neben einem See, und schon von weitem kann man sie riechen, ihr Gestank muß ungeheuer gewesen sein. Aber Perseus hielt sich die Nase zu, ließ nur wenig Geruch hinein, und dem folgte er, und so traf er auf diese drei alten Frauen.

Es ist bemerkenswert, wie sie aussahen. Ich will versuchen, es zu beschreiben. Also, diese drei Frauen saßen an einem See, und sie hatten zusammen nur einen Zahn, und sie hatten zusammen nur ein Auge. Aber dieser Zahn ließ sich ausborgen, ebenso das Auge. So borgten sie untereinander: Immer wenn eine etwas beißen wollte, bekam sie den Zahn, und wenn eine etwas anschauen wollte, bekam sie das Auge.

Und die eine, die gerade das Auge bei sich hatte, sah Perseus zu dem See kommen. Sie kicherte und rief: »Da kommt ein schöner Jüngling, den wollen wir uns doch ansehen!« und reichte das Auge zur dritten.

Perseus trat vor sie hin, er wollte nicht unhöflich sein, deshalb tat er so, als ob er sie nicht rieche. Er sagte zu ihnen, er möchte gern wissen, wo ihre Schwestern, die Gorgonen, wohnen.

»Ja«, sagten die drei, »das werden wir dir nicht sagen, höchstens wenn du…«, und machten ein paar anzügliche Bemerkungen.

Perseus hatte eine Wegzehrung bei sich, und er tat so, als ob er sich gemütlich niederlassen wollte, um zu essen.

Die drei hatten Hunger, sie wollten auch essen.

Er sagte: »Das, was ich hier zu essen habe, kann man durchaus auch ohne Zähne essen.«

»Ah, kann man das«, sagten sie.

»Jawohl, man kann das.«

Er teilte seinen Proviant in drei Teile und gab jeder von ihnen etwas davon. Aber die eine hatte den Zahn in der Hand, die andere das Auge, deshalb sagte er: »Ich werde beides für euch halten. Eßt ihr einstweilen, ich hüte euer Auge und euren Zahn.«

Sie taten das, und nun hatte er Auge und Zahn und sagte: »So, und jetzt im Ernst. Wenn ihr mir jetzt nicht sagt, wo eure Schwestern, die Gorgonen, wohnen, dann werdet ihr nie wieder euer Auge und euren Zahn bekommen.«

So hatte er also die Adresse der Gorgonen aus ihnen herausgepreßt. Perseus war dann schlau genug, ihnen nur den Zahn zurückzugeben, das Auge warf er in den See, daß sie erst danach tauchen mußten.

Dann verließ er die Graien. Die Nymphen, die in ihrer Nähe wohnten und die schon seit Jahrhunderten unter dem Gestank der alten Frauen litten, waren dem Perseus sehr dankbar, daß er die Graien gezwungen hatte, ins Wasser zu springen und zu tauchen.

»Da waschen sie sich wenigstens einmal«, sagten die Nymphen und schenkten dem sympathischen Perseus drei Dinge, nämlich: eine Tarnkappe, Flügelschuhe und einen großen Mantelsack.

So machte er sich weiter auf die Reise. Ich stelle mir das so vor: Er wird nun nicht mehr gegangen sein, sondern ist jetzt wie ein Surfer durch die Luft geflogen.

Bei seiner Luftreise begegnete er unserem Gott Hermes. Der flog eine Zeitlang neben ihm her und betrachtete den jungen Mann. Perseus gefiel dem Gott außerordentlich. Hermes ist ja ein sehr sympathischer Gott, er fragte ihn aus, was er vorhatte. Perseus erzählte es, und Hermes sagte: »Du wirst eine Waffe benötigen.«

Er reichte ihm ein Schwert hinüber, wünschte ihm noch viel Glück und flog dann weg.

Die Gorgonen waren drei Schwestern, sie waren die schöne Ausführung der Graien, jedenfalls waren sie es einmal gewesen. Zwei von ihnen waren unsterblich, eine war sterblich, und zwar die jüngste und schönste von ihnen, Medusa.

Medusa war sterblich. Aber dafür war sie so schön, daß sie sich eines Tages brüstete, sie sei schöner noch als die Göttin Pallas Athene. Athene hat das nicht gerne gehört, und sie verwandelte die drei Gorgonen in die häßlichsten Wesen, die auf dem Erdboden jemals gehaust haben, und die Häßlichste von ihnen war Medusa. Haare hatte sie wie Schlangen, ihr Gesicht war aufgedunsen, einen Hintern hatte sie wie ein Pferd. Sie waren unbeschreiblich häßlich – und böse, gefährlich.

Den Kopf dieser bösen, gefährlichen Medusa sollte Perseus holen. Die Gorgonen schliefen gerade, als er ankam. Er holte das Schwert heraus, das er von Hermes bekommen hatte, und schlug der Medusa den Kopf ab. Er hatte sich gemerkt, was Athene gesagt hatte. Er schlug der Medusa den Kopf ab und schaute dabei in den spiegelglatten Schild. Es ging nämlich folgende Sage: Wer der Medusa ins Auge schaut, der erstarrt zu Stein. Das hat sich Perseus zu Herzen genommen, hat den Kopf abgeschlagen und sofort das Haupt der Medusa in den Mantelsack gestopft, den ihm die Nymphen gegeben hatten.

Und siehe da: aus dem Hals der Medusa stürzten zwei Wesen. Chrysaor war das erste, das heißt soviel wie: der rote, goldene Stahl. Das zweite Wesen war Pegasos. Pegasos ist ein geflügeltes Pferd. Dieses Wesen wurde später zum Wappentier der Dichter. Man hat gesagt, die Höhenflüge, die die Dichter sich leisten, sind, als hätten sie ein Pferd mit Flügeln. Gemeint war wohl: Die Dichter spinnen und landen auf dem Bauch. Oft ist das so. Ich kann es bestätigen.

Es gibt übrigens eine schöne, kleine Ballade von Friedrich Schiller, die heißt: »Pegasos im Joch«. Da gibt es einen ganz armen Dichter, zu dem kam Pegasos geflogen, der Dichter war aber so arm, daß er den Pegasos nicht ernähren konnte, weil der muß ja auch etwas zu fressen haben. Er verkaufte den Pegasos an einen Bauern, und dieser Bauer spannte das geflügelte Pferd der Dichtung in ein Joch und trieb damit seinen Pflug an.

Aus den Blutstropfen, die aus dem Haupt der Medusa auf die Erde fielen, wuchsen Kräuter, aus denen Heilmittel und Gifte gewonnen wurden.

Perseus machte sich auf den Heimweg. Er hatte das Haupt der Medusa erbeutet. Die Steuer konnte er also bezahlen, dachte er, und auf seinen Flügelschuhen flog er an der Küste entlang. Wie er so hinunterschaute, da sah er im Westen den Riesen Atlas stehen.

Atlas ist jener Titan, der gezwungen ist, das Himmelsgewölbe zu tragen. Das interessierte den Perseus. Er landete vor den Füßen des Titanen und fragte, ob das eine schöne Arbeit sei.

Atlas gab ihm eine patzige Antwort, sagte, er solle verschwinden, er solle ihn gefälligst in Ruhe lassen.

Darüber war nun wiederum Perseus erbost, und er probierte das erste Mal seine neu gewonnene Geheimwaffe aus. Er griff in seinen Mantelsack, zeigte dem Atlas das Haupt der Medusa, und siehe da, er wurde sofort zu Stein. – Diesen versteinerten Titanen kann man heute noch bewundern – das Atlasgebirge in Marokko.

Perseus flog weiter.

Unterwegs, gerade als er so über Phönizien flog, sah er unter sich etwas Seltsames: eine Frau, die an die Felsküste gefesselt war. Er ging tiefer, umkreiste die Frau und sah, daß die Frau weinte, sah, daß sie Angst hatte. – Diese Frau war Andromeda.

»Wer ist die Schönste im ganzen Land?« Diese Frage, das wissen wir, löst in den Märchen meist großes Unheil aus. Und auch im Falle der Jungfrau Andromeda war es nicht anders. Sie hatte eine sehr eitle Mutter. Kassiopeia hieß sie, und diese Kassiopeia blickte eines Morgens auf ihr reifes Töchterchen und rief aus: »Das ist das schönste Wesen der Welt!«

So begeistert war die Mutter von Andromedas Schönheit, daß sie zur Küste rannte und aufs Meer hinaus rief: »Hört zu, ihr Töchter des Poseidon! Ihr seid schön, aber meine Andromeda ist hundertmal schöner als ihr!«

Von den Töchtern des Poseidon hieß es, sie seien die schönsten Wesen im ganzen Erdenkreis. Sie tauchten aus den Fluten auf, hörten, wie Kassiopeia immer wieder rief, ihre Tochter sei hundertmal schöner als sie, und die Eifersucht machte, daß sie grün wurden.

Sie tauchten zu ihrem Vater Poseidon und sagten: »Da gibt es ein Weib, das behauptet, ihre Tochter sei hundertmal schöner als wir. Das ist ein Problem für uns.«

Poseidon löste dieses Problem. Er löste es, wie er Probleme immer löste.

Er sagte zu seinen Töchtern: »Ich werde ein Ungeheuer schicken, das soll euer Problem verschlingen.«

Erst schickte er eine große Flutwelle über die Stadt, die richtete furchtbaren Schaden an. Dann überschwemmte er die Felder, und es drohte eine Hungersnot.

Ein Seher wurde um Rat gefragt, der sagte: »Andromeda, der Kassiopeia Tochter, muß geopfert werden. Fesselt sie an die Felsen beim Meer!«

Das war geschehen.

Gerade als Perseus auf seinen Flügelschuhen dahergeflogen kam, sah er, wie sich ein Meerungeheuer im Wasser vor der Küste tummelte. Perseus hatte sich auf Anhieb in Andromeda verliebt. Er handelte rasch. Sprach bei Andromedas Vater vor, handelte mit ihm einen Ehevertrag aus und versteinerte das Ungeheuer in letzter Sekunde mit dem Haupt der Medusa.

Aus Dankbarkeit verliebte sich Andromeda in ihn.

Perseus nahm seine junge Frau mit zu seiner Mutter Danaë, stellte sie ihr vor. Ich glaube, die beiden konnten sich ganz gut leiden. Gegenteiliges war jedenfalls nicht zu erfahren.

Dann trat Perseus vor den begehrlichen König hin und sagte: »Ich habe das Haupt der Medusa für dich.«

»Du bist wirklich verrückt«, sagte der König. »Ich dachte erst, du seist lediglich etwas naiv, aber doch intelligent. Nun aber sehe ich, du bist dumm. Niemand kann das Haupt der Medusa gewinnen.«

»Gut«, sagte Perseus, »dann werde ich es dir zeigen. Möchtest du es sehen?«

»Ja, selbstverständlich will ich es sehen«, sagte der König.

Perseus fragte noch einmal: »Möchtest du es wirklich sehen?«

»Ja, ich will es sehen.«

»Na gut«, sagte der junge Held, wandte den Kopf ab, griff in seine Manteltasche und holte das abgeschlagene Haupt der Medusa heraus. – Wir wissen, was mit dem begehrlichen König geschah…

Perseus wollte nichts anderes, als mit seiner Mutter und seiner Frau in seine Heimat zurückkehren, an seinen Geburtsort, auf die Insel des Königs Akrisios. Und er tat es. Er wurde auf der Insel wie ein Held empfangen. Sein Ruhm hatte sich in der ganzen Welt verbreitet. Es wurden ihm zu Ehren Wettkämpfe veranstaltet. Er fragte nach seinem Großvater, dem König, aber der war nirgends anzutreffen.

Er saß mit seiner Mutter und seiner Frau auf den besten Plätzen im Stadion, wie ein neuer König wurde er behandelt, und er schaute den Spielen zu. Plötzlich packte ihn der Wetteifer, und er bat, ob er wenigstens einmal den Diskus werfen dürfe, außer Konkurrenz nur. Das wurde ihm gern gewährt. Er griff sich einen Diskus, holte aus und warf. Ganz bestimmt hätte er in dieser Disziplin gewonnen. Die Scheibe flog weit, weit über das Feld hinaus, wurde wahrscheinlich von einer göttlichen Kraft gelenkt, flog weit und fiel irgendwo in die Menge.

Schon war ein Aufschrei zu hören: »Der König ist tot!«

Man sah nach, und tatsächlich: Der Diskus des Perseus hatte seinen Großvater Akrisios getroffen, der sich vor Perseus versteckt hatte, im Gedenken an den Orakelspruch, sein Enkel werde ihn töten.

Aber es war kein Mord, es war ein Versehen, ein Unglücksfall. Die Götter drehten dem liebenswerten Perseus keinen Strick daraus, und auch das Volk warf ihm nichts vor, im Gegenteil, es wünschte sich Perseus als neuen König und Andromeda als seine Königin.

Perseus lebte von nun an in Ruhe bis an das Ende seines Lebens. Er und Andromeda waren sich treu, was sehr selten ist in der Welt der griechischen Sagen, und als sie starben, wurden sie als Sternbilder an den Himmel gehoben – Perseus als ein gewaltiges Bild, Andromeda als ein kleiner, unscheinbarer Stern, der sich bei näherem Hinsehen als eine riesige Galaxis zu erkennen gibt, die 1,7 Millionen Lichtjahre von uns entfernt ist und einen Durchmesser von stolzen hunderttausend Lichtjahren hat.

Tantalos und sein Sohn

*Von der Götterspeise – Von einem grausamen Test –
Von Pelops und Hippodameia – Von Myrtilos, dem
Wagenlenker – Von Flüchen*

Das Schattenreich ist das Paradies der Phantasten. So hat
es Immanuel Kant einmal ausgedrückt. Tatsächlich haben sich die Romantiker aller Zeiten auf diese Schatten
gestürzt, haben sich von der Dunkelheit angezogen gefühlt. Aber dieses Schattenreich ist auch der Quell aller
Ängste, die christliche Religion hat die Hölle daraus gemacht, und das heilige Rom hat hier seine einträglichsten
Provinzen.

Im Hades, so wird das Schattenreich nach seinem König genannt, gibt es einige Heldenfiguren, die eine besondere Behandlung erfahren. Da ist zum Beispiel Sisyphos. Sein Name ist zum Begriff geworden. Er muß einen
schweren Stein auf einen Berg wälzen, der immer wieder
auf der anderen Seite herunterrollt, er muß ihn abermals
hinaufwälzen, und wieder rollt er hinunter, und so weiter in alle Ewigkeit. Er ist das Urbild des Zwangsneurotikers.

Da sind die Danaiden, das sind jene fünfzig Frauen,
die in der Hochzeitsnacht ihren Männern mit langen
Nadeln die Herzen durchstochen haben. Sie müssen
durchstochene Krüge mit Wasser zu einer Wanne tragen.
Wenn sie an ihrem Ziel angekommen sind, ist das Wasser

herausgelaufen, und sie müssen noch einmal von vorne anfangen.

Diese Arbeit ist vielleicht nicht schwer, aber sie ist sinnlos, absurd. Die Sinnlosigkeit war für die Griechen der Begriff für die Hölle. Ich weiß nicht, was sie sagen würden, wenn sie heute in eine normale Fabrik gingen und sich dort umschauten. Ob sie diese Arbeit an die Quälereien im Hades erinnerte?

Der Prominenteste neben Sisyphos, der im Hades gequält wurde, ist Tantalos. Seine Qualen sind bis heute sprichwörtlich – man spricht von Tantalosqualen. Wir sehen ihn: Er steht im Wasser, das Wasser reicht ihm bis zur Hüfte, und er hat großen Durst. Wenn er sich niederbeugt, um zu trinken, dann sickert das Wasser vor ihm ab. Er hat großen Hunger, über ihm hängen Äste, schwer beladen mit den besten Früchten. Wenn er danach greifen will, bläst ein Wind die Äste beiseite.

Was hat der Tantalos angestellt, daß er so sprichwörtlich für alle Zeiten – denn das muß dazu gesagt werden: Tantalos ist unsterblich – gequält wird? Die anderen Schatten verblassen mit der Zeit, das heißt, sie verlieren das Bewußtsein ihrer Lage. Tantalos ist seiner Qualen immer gewärtig.

Tantalos ist ein Sohn des Zeus. Er durfte als Kind, weil Zeus ihn besonders geliebt hat, oben im Olymp mit den Göttern an einem Tisch sitzen. So konnte er die Gespräche der Götter belauschen, und wer die Gespräche der Götter belauscht, wird, so will es die Mythe, unsterblich. Er hat vom Nektar getrunken und von Ambrosia gegessen.

Dann aber hat er ein Verbrechen begangen – in den Augen der Götter war es ein Verbrechen: Er hat ihre Gastfreundschaft verletzt. Er hat sich nämlich etwas von der Götterspeise eingesteckt, weil er auf der Erde vor seinen Freunden damit prahlen wollte. Er war auch sehr reich, alle haben ihn zu sich eingeladen, jeder wollte sein Freund sein, jeder hat ihn beschenkt. Und er hat geprahlt, hat ebenfalls Einladungen gegeben, hat den Gästen Nektar und Ambrosia zu trinken und zu essen gegeben.

Dann hatte er den Verdacht, daß ihm die Götter dahintergekommen wären, und er dachte sich: »Wenn ich die Götter selbst zu mir zum Essen einlade, dann sind sie vielleicht besänftigt und sehen mir meinen kleinen Diebstahl nach. Schließlich bin ich der Sohn des Zeus.«

Er hat die Götter also zu sich nach Hause eingeladen in seine irdische Wohnung. Und tatsächlich: sie kamen alle.

Und da hat er gemerkt: Ich habe nicht genug im Haus für alle. Er ist in Verlegenheit geraten, hatte den göttlichen Appetit unterschätzt. Und das hat dann seine Katastrophenphantasie angestachelt. So etwas gibt es: Man macht einen Fehler, und anstatt daß einem die Phantasie eingibt, wie man diesen Fehler wiedergutmachen könnte, fallen einem nur lauter weitere Fehler ein, und man bekommt ein dringendes Bedürfnis, wenigstens einen dieser Fehler auszuprobieren. Und so war es auch bei Tantalos. Er wollte die Götter testen. Wollte sehen, ob sie auch außerhalb des Olymps solche mächtigen Wesen waren. Wollte wissen, ob sie tatsächlich allwissend sind.

Er beging ein entsetzliches Verbrechen: Er schlachtete seinen Sohn Pelops, zerhackte ihn in Teile, warf ihn in einen Kessel, kochte ihn und setzte ihn den Göttern als Speise vor.

Die Götter sind – um es mit dem Lieblingswort eines österreichischen Dichters zu sagen: naturgemäß sind sie allwissend. Sie wandten sich voll Ekel von dieser Speise ab. Nur Demeter aß ein Stück der linken Schulter des Pelops. Sie war verwirrt, ihre Gedanken waren bei ihrer Tochter Persephone, die erst vor kurzem von Hades geraubt worden war.

Die Götter verließen das Haus des Tantalos, und sie verfluchten ihn. Den Kessel mit der Speise nahmen sie mit. Hermes bekam von Vater Zeus den Auftrag, den Pelops wieder in seinen ursprünglichen Zustand zurückzuversetzen. Demeter, die die Schulter verzehrt hatte, formte eine Schulter aus Elfenbein. So wurde Pelops nach göttlicher Rezeptur wieder zusammengesetzt. Er entstieg dem Kessel des Tantalos schöner, als er zuvor gewesen war.

Auf der Stelle verliebte sich Poseidon in ihn. Er beschenkte ihn mit den schönsten Pferden, mit jenen berühmten fliegenden Pferden nämlich, die über das Meer fliegen konnten, und machte ihn zu seinem Bettgenossen.

Tantalos aber wurde in die Hölle geschlagen, in den tiefsten Tartaros, der, wie es heißt, noch einmal so tief unter der Hölle liegt, wie der Himmel über der Erde ist. Aber eines bitte ich zu beachten: Nicht wegen des bestialischen Mordes an seinem Sohn wird Tantalos bestraft, sondern weil er die Götter versucht hat – weil er ihre Allwissenheit testen wollte!

Pelops erbte die sagenhaften Reichtümer seines Vaters. Eine ganze Insel hat ihm gehört. Bis heute noch trägt diese Insel seinen Namen – Peloponnes, die Insel des Pelops.

Nun wird dieser Pelops, könnte man annehmen, sich so benehmen, daß der Fluch der Götter ihn nicht auch noch trifft, weiß er doch, was einem dann blüht. Aber das ist ein Irrtum...

Pelops, der Sohn des Tantalos, hatte einen weißen Fleck an der linken Schulter, dort schimmerte der Elfenbeinknochen durch, der ihm eingesetzt worden war. Diesen weißen Fleck vererbte er auf seine Kinder und auf seine Kindeskinder. Daran konnte man die Nachfahren des Pelops erkennen. Und alle waren sie verflucht.

Pelops verliebte sich eines Tages in Hippodameia, die Tochter des Königs Oinomaos. Poseidon wird das vielleicht nicht so gerne gesehen haben, daß sich sein Schatz in eine Frau verliebte, aber er ließ es dann doch geschehen, vielleicht hatte er auch schon genug von Pelops. Ein Gott lebt ja außerhalb der Zeit, seine Affären dauern ebenso einen Augenblick wie eine Ewigkeit.

König Oinomaos wollte seine Tochter nicht hergeben, er wollte sie nicht verheiraten. Manche Erzählungen behaupten, es sei ihm geweissagt worden, sein Schwiegersohn werde ihn töten, andere wissen davon, daß er selbst in Hippodameia verliebt gewesen sei. Wie auch immer, er machte es seiner Tochter und ihren Freiern schwer.

Es kamen viele Bewerber um Hippodameia. Sie war sehr schön, und alle brachten wertvolle Geschenke mit. Oinomaos ließ sich erst einmal diese Geschenke aushändigen, dann stellte er seine Bedingungen. Einige dieser Bewerber, die klügeren und die feigeren, werden, wenn sie sich der Stadt näherten, vielleicht ihre Zweifel bekommen haben, ob es richtig war, was sie da vorhatten. Denn über der Mauerkrone waren lauter Köpfe aufgespießt und Hände. Das waren die Köpfe und die Hände der

Bewerber um die Prinzessin Hippodameia, die ihr Ziel nicht erreicht hatten.

Die hatte ihr Vater umgebracht. Er hatte sich ein Ritual ausgedacht.

Er sagte: »Jeder, der meine Tochter haben will, der soll sie sich nehmen. Meine Tochter muß aus meinem Reich weggeführt werden. Ich gebe sie niemandem. Aber wer sie wegführen kann, der soll sie haben. Und der soll nicht nur meine Tochter haben, er kriegt auch noch mein ganzes Reich mit dazu.«

Er sagte: »Es soll der Bewerber meine Tochter auf seinen Wagen nehmen, er soll die Pferde antreiben und soll davonfahren. Ich selbst werde ihm eine halbe Stunde Vorsprung geben, dann werde ich ihn verfolgen. Wenn ich ihn erreiche, bevor er mein Reich verlassen hat, werde ich ihm von hinten den Speer in den Rücken stoßen. Wenn ich ihn nicht erreiche und er meine Tochter bis an das Ende meines Reiches entführt, dann gehört sie ihm.«

Der Haken daran war, daß Oinomaos die Pferde des Kriegsgottes Ares besaß, und damit hat er spielend jeden eingeholt.

Pelops wußte davon. Er war gewarnt worden, und als er in seinem Gespann auf die Stadt zufuhr, legte er sich einen Plan zurecht. Mit Stärke allein, das war ihm klar, gab es hier nichts zu gewinnen. Er hatte zwar die Pferde des Poseidon, aber das waren Pferde, die über das Wasser fliegen konnten, an Land waren sie nicht besser als andere Pferde, gegen die Rosse des Kriegsgottes hatten sie keine Chance.

Günstig für Pelops war, daß sich Hippodameia wahrhaftig in ihn verliebt hatte. Sie gab ihm Ratschläge. Er sollte den Wagenlenker ihres Vaters bestechen. Der Wa-

genlenker hieß Myrtilos, er war ein berühmter Wagenlenker, der Sohn eines Gottes, der Sohn des Hermes! Ihn
sollte Pelops bestechen. Wie er das mache, sagte Hippodameia, das sei seine Sache.

Pelops hatte die Verruchtheit seines Vaters geerbt, er
machte es auf seine Weise. Er zog Myrtilos eines Nachts
beiseite und sagte: »Ich habe Achsen aus Wachs geformt.
Diese Achsen wirst du statt der Achsen aus Eisen in den
Wagen deines Herrn einsetzen.«

Myrtilos sagte: »Wie komm' ich denn dazu! Ich diene
meinem Herrn. Ganz im Gegenteil, ich werde dich verraten, du Narr!«

»Hör zu«, sagte Pelops. »Wenn ich das Wagenrennen
gewinne, werde ich auch das ganze Reich gewinnen, und
ich werde die Frau dazu gewinnen, und ich werde mit dir
teilen. Du sollst das halbe Reich bekommen und die erste Nacht bei der Frau. Überleg es dir.«

Ja, Myrtilos überlegte, und er überlegte nicht lange.
Er, der Sohn eines Gottes, wurde von seinem Herrn und
König nur angetrieben und geschlagen. Was heißt da
Loyalität! Er sagte zu: »Gut, ich werde es tun.«

Er tauschte heimlich die stählernen Achsen aus gegen
die wächsernen. Das Wagenrennen begann. Pelops hatte,
wie von Oinomaos versprochen, eine halbe Stunde Vorsprung. Aber er fuhr nur bis zur nächsten Kehre. Dort
wartete er mit Hippodameia. Sie stand auf seiner Seite,
sie wußte, was ihren Vater erwartete. Sie haßte ihren Vater, der ihr seit der Kindheit nachgestellt hatte. Heute war
der Tag der Rache.

Tatsächlich, nach einer halben Stunde kam Oinomaos
angefahren. Und schon in der Kurve waren die wächsernen Achsen so weich, daß der Wagen zusammenbrach.

Aber die Pferde des Ares hatten eine ungeheure Geschwindigkeit drauf, und Pelops mußte gar nichts weiter tun als zusehen, wie der König zu Tode geschleift wurde.

Somit hatte er das Rennen gewonnen.

Er bekam das Reich zu seinen ungeheuren Schätzen dazu und nahm die Tochter des Oinomaos zu seiner Frau.

Er fragte sie: »Was wünschst du dir für eine Hochzeitsreise?«

Sie sagte: »Ja, mit deinen Pferden, die über das Wasser fliegen können, mit denen möchte ich einmal über unser schönes Mittelmeer fliegen.«

»Das ist kein Problem«, sagte Pelops.

Da stellte sich Myrtilos dazwischen und sagte: »So, das hätte ich auch gerne.«

»Gut«, sagte Pelops, »dann steig du auch auf.«

Und sie flogen über das Mittelmeer.

Sie landeten auf einer Insel, und Hippodameia sagte, sie habe nun Durst. Ihr Gatte soll ihr etwas zu trinken holen.

Pelops ganz ruhig: »Ja, das werde ich tun.«

Er ging zu einer Quelle, füllte seinen Helm mit Wasser. Als er zurückkehrte, kam ihm seine Frau schon entgegengelaufen, weinend, und rief, Myrtilos habe sie vergewaltigen wollen.

Pelops sagte weiter nichts, befahl ihnen, in den Wagen zu steigen, und als sie oben in der Luft waren, gab er Myrtilos einen Stoß, und der stürzte ab.

Noch im Fliegen flehte Myrtilos zu seinem Vater, Hermes, er möge seinen Tod rächen, und er verfluchte Pelops und rief: »Über dich und über dein ganzes Geschlecht soll mein Fluch noch zum Fluch des Tantalos dazukommen. Deine Söhne sollen sich vom ersten Augenblick ihrer Geburt an bis zu ihrem Tod hassen, und sie sollen sich bis zum Augenblick ihres Todes in Haß verfolgen.«

Das war der Fluch des Myrtilos. Sein Vater Hermes fing ihn auf, bevor er auf der Wasseroberfläche aufschlug, und weil er gerade so einen Schwung im Arm hatte, schleuderte er den Myrtilos in den Himmel, und dort blieb er als Sternbild des Wagenlenkers hängen.

Pelops und Hippodameia hatten viele Kinder. Dann hatte Pelops, das sei nur nebenbei erwähnt, noch einen ledigen Sohn, wir kennen ihn bereits, Chrysippos hieß er, er wurde später der Liebhaber des Laios, des Vaters des Ödipus. Uns interessieren die beiden Söhne Atreus und Thyestes. Sie hat der Fluch des Wagenlenkers Myrtilos am schwersten getroffen.

Atreus und Thyestes

Vom Bruderhaß – Von einem goldenen Schaf – Von der
Umkehr der Sonne – Von einem grausigen Essen –
Vom unbändigen Haß – Von einer Killermaschine

Steigen wir hinab in die vielleicht grausamste Geschichte
der griechischen Mythologie! In keiner anderen Sage
wird das logische, psychologische und moralische Fort-
schreiben eines Fluches in so katastrophal konsequenter
Kausalität demonstriert wie hier. In keiner anderen Sage
wird die innere Motorik von Haß und Krieg so scho-
nungslos vorgeführt.

Pelops wußte, daß seine Söhne Atreus und Thyestes
sich außerordentlich haßten, und er verfügte, daß die beiden, jedenfalls solange er lebte, nicht zusammenkamen.
Sie wurden in getrennten Teilen des Schlosses unterge-
bracht. Wenn der eine beim Vater war, durfte der andere
sein Zimmer nicht verlassen; wenn der andere bei der
Mutter war, mußte der eine warten; wenn der eine schlief,
war der andere wach; wenn der eine spielte, dann mußte
der andere essen – und so weiter. Sie wußten voneinan-
der, aber man ließ sie nicht zusammen.

Aber schließlich waren sie erwachsen, und nach dem
Tod ihres Vaters drohte die Frage: Wer wird das Reich
erben?

Es hieß, ein Seher habe geweissagt: »Derjenige, welcher der Herrscher sein wird, dem wird ein Zeichen gegeben.«

Eines Tages entdeckte Atreus in seiner Herde ein goldenes Lamm, und er ging davon aus, das sei das Zeichen. Er untersuchte das Fell, es war aus purem Gold, er untersuchte die Zunge des Lammes, sie war aus purem Gold, und er sagte sich: »Das kann nur das Zeichen sein, ich werde alles erben.«

Er wollte das Schaf der Göttin Athene weihen, aber dann war es ihm doch zu schade, und er ließ ein anderes schlachten und weihte dieses Schaf der Göttin. Das goldene Schaf aber schlachtete er für sich, nahm es aus und ließ es ausstopfen. Dann gab er überall bekannt, ihm sei das erwartete Zeichen gegeben worden.

Was Atreus nicht wußte, war, daß seine Frau hinter seinem Rücken ein Verhältnis, ein sehr leidenschaftliches Verhältnis zu seinem Bruder Thyestes unterhielt. Die Frau verriet Thyestes, dem eingeborenen Feind, daß das Zeichen ein goldenes Lamm sei und daß Atreus dieses Lamm besitze. Sie führte Thyestes in die geheimste Kammer des Atreus, und Thyestes stahl das goldene Lamm.

Bald darauf berief Thyestes eine Volksversammlung ein.

Er sagte: »Jetzt muß endlich eine Entscheidung getroffen werden!«

Atreus war immer noch der Meinung, er sei der Besitzer des goldenen Lammes, und er stimmte seinem Bruder zu, forderte ihn sogar auf, weiterzusprechen.

»Es muß eine Entscheidung getroffen werden«, sagte Thyestes, »und ich bin der Meinung, das Volk soll entscheiden, wer von uns beiden der König sein soll.«

»Nein«, sagte Atreus, »nicht das Volk soll entscheiden, die Götter sollen ein Zeichen setzen. Und die Götter haben bereits ein Zeichen gesetzt. Wer von uns ein goldenes Lamm vorweisen kann, der soll der König werden!«

Zur Verwunderung des Atreus stimmte Thyestes zu.

»Ich bin in allem deiner Meinung«, sagte er. »Du und ich, wir sind die Anwärter auf den Thron, und ich sage dasselbe wie du: Wer das goldene Lamm vorweisen kann, der ist der König. Das hat mir Zeus im Traum gesagt. Gehen wir jetzt beide nach Hause, schauen wir in unsere Kammer, vertrauen wir dem Ratschlag des Obersten Gottes!«

Da mußte Atreus kichern, und er antwortete: »Du bist ein einsichtiger Mann, mein Bruder. So werden wir es machen.«

Aber Thyestes wies vor allem Volk das ausgestopfte Lamm vor und forderte den Thron.

Atreus wußte nun, daß er von seinem Bruder betrogen und bestohlen worden war. Der Haß wuchs noch mehr, und er flehte zu Zeus um Rache.

Und tatsächlich, Zeus hatte größeres Wohlgefallen an Atreus als an Thyestes. – Diese Geschichte erinnert uns von Ferne an zwei andere, zwei biblische Brüder, die auch von Gott nicht gleichermaßen geliebt wurden, Kain und Abel. Und wir wissen, was daraus geworden ist.

Zeus sagte zu Atreus: »Berufe auch du eine Volksversammlung ein und sage folgendes: Wer von uns beiden die Sonne, wenn sie am Mittag steht, zwingen kann, in die andere Richtung zu wandern, so daß sie nicht im Westen, sondern im Osten untergeht, der soll der tatsächliche König sein.«

Atreus sagte: »Wie soll das einer können? Wie soll ich das können?«

Und Zeus sagte: »Das werde ich dir machen.«

Atreus berief also eine neue Volksversammlung ein, er sagte: »In dieser Nacht hatte ich ebenfalls einen Traum. In diesem Traum hat mir Zeus einen Auftrag gegeben. Ich soll euch folgendes verkünden: Wer von uns beiden – Thyestes oder ich – die Sonne am Mittag anhalten und sie zurückzwingen kann nach Osten, so daß sie im Osten aufgeht und wieder im Osten untergeht, der soll nun tatsächlich euer König werden.«

Thyestes dachte, nun sei sein Bruder Atreus verrückt geworden, und er stimmte grinsend zu.

So standen sie alle auf dem Marktplatz und warteten, bis es Mittag war, stellten Stöcke auf, die Schatten warfen, zeichneten mit Kreide Striche neben diese Stöcke, damit sie sofort sahen, wohin der Schatten fiel.

Und tatsächlich, als es genau Mittag war, hielt Helios, der Sonnengott, die Rosse an, drehte seinen Wagen das erste Mal seit der Entstehung des Universums auf der Stelle um und fuhr in dieselbe Richtung, aus der er gekommen war, nämlich nach Osten.

Das Volk aber machte Atreus zu seinem König, und Thyestes wußte, vor diesem König mußte er sich in acht nehmen, denn der konnte nur im Bunde sein mit dem höchsten Gott.

Thyestes floh und nahm sich vor, nie wieder in seinem Leben auch nur in die Nähe von Atreus zu kommen.

Atreus war nun der Herrscher. Aber der Haß auf seinen Bruder Thyestes war dadurch, daß er alles gewonnen hatte, noch lange nicht gestillt. Der Haß ist von Tatsachen unabhängig. Er sann weiter nach Rache, er sann weiter danach, wie er seinen Bruder noch mehr demütigen und verletzen könnte. Er sandte Herolde ins Land, sie sollten seinen Bruder finden und ihm mitteilen, Atreus habe Einsicht gewonnen, er sei in sich gegangen, er wolle, daß Thyestes zurückkehre zu ihm und seiner Familie, er wolle sich mit ihm aussöhnen. Endlich solle ein Schluß-strich gezogen werden unter diesen grauenhaften, nun schon Generationen überdauernden Haß.

Thyestes glaubte seinem Bruder. Er zog mit seiner Familie, seinen beiden kleinen Söhnen und seiner Frau zu Atreus.

Er wurde mit schönstem, größtem Prunk empfangen. Die Frau des Thyestes wurde in ihre Gemächer geführt, von Sklavinnen verwöhnt. Atreus selbst führte die beiden Söhne des Thyestes, seine Neffen, in den sonnen-durchfluteten Garten, wo die wunderbarsten Spielsachen auf sie warteten.

Und schließlich fiel Atreus vor seinem Bruder auf die Knie, und er bat die Familie des Thyestes: »Laßt uns beide Brüder eine kurze Zeit allein. Wir wollen uns in die Augen sehen. Wir werden dann alle zusammen ein großes Fest feiern, aber zuerst möchte ich mit meinem Bruder Thyestes allein sein.«

Das sah die Frau des Thyestes ein, und die Kinder sahen es auch ein, eben weil draußen so wunderschöne Spielsachen waren. Und Thyestes war gerührt von die-sem Vorschlag, und er folgte seinem Bruder Atreus in das Kellergewölbe des Schlosses.

Dort, in einem fensterlosen Raum, wo nur Fackeln brannten, setzten sich Atreus und Thyestes gegenüber, und Thyestes fragte: »Warum führst du mich gerade hier-her in diesen düsteren Raum?«

Atreus antwortete: »In diesem düsteren Raum habe ich all die Jahre um dich getrauert. Einmal am Tag war ich hier unten und habe mich nach dir gesehnt und habe auf den Haß geflucht, der uns beide trennt.«

Und Atreus sprach weiter: »Tu mir einen Gefallen, Bruder: Bevor wir unser großes Fest feiern, laß uns beide hier gemeinsam essen. Ich möchte dich bedienen. Du ganz allein sollst hier mein Gast sein.«

Thyestes war noch mehr gerührt durch diese Demut seines Bruders, und er stimmte zu.

Atreus brachte eine Schüssel mit Fleisch. Er legte seinem Bruder vor, und Thyestes aß.

Nachdem er gegessen hatte, fragte Thyestes: »Wie ist es dir ergangen in all den Jahren, Bruder? Was hast du gemacht?«

Atreus sagte: »Ich habe mich mit Astronomie beschäftigt und auch etwas mit Kunst.«

Und Thyestes fragte: »Mit Kunst? Das ist interessant.« – Er war verlegen, er wollte das Gespräch mit seinem Bruder nicht abreißen lassen.

Atreus sagte: »Ja, mit Kunst habe ich mich beschäftigt, ein wenig mit Bildhauerei. Möchtest du sehen, was ich gemacht habe?«

»Ja, selbstverständlich«, sagte Thyestes, »ich würde sehr gerne etwas sehen.«

Atreus ging und kam zurück mit einem Tablett. Auf diesem Tablett waren zwei merkwürdige Figuren. Es waren zwei kleine Köpfe, man sah sie nur von hinten. Von den Köpfen standen die Hände ab, und unten waren zwei Füße. Es sah aus wie ein Kopf ohne Körper, ohne Torso. Und das Ganze konnte Thyestes obendrein nur von hinten sehen, denn sein Bruder hatte das Tablett gedreht.

Thyestes war nun noch mehr verlegen, denn er dachte

sich: Das sind ja Mißgeburten. Das kann nicht der Ernst meines Bruders sein, daß er solche Dinge macht.

Atreus fragte ihn treuherzig: »Gefallen dir diese Figuren?«

Thyestes wollte ihn nicht beleidigen und sagte: »Ja, sie gefallen mir schon. Aber ich habe das Gefühl, es fehlt ihnen der ganze Mittelteil. Vielleicht täusche ich mich ja, vielleicht sollte ich sie einmal von vorne sehen.«

Atreus sagte: »Ja, du solltest sie von vorne sehen.«

Er drehte das Tablett um, und da erkannte Thyestes, daß es die Köpfe und Glieder seiner beiden Söhne waren.

Atreus sagte: »Du hast dich für ihren Mittelteil interessiert, für ihre Körper. Die hast du gerade gegessen.«

Thyestes übergab sich, erbrach das Fleisch seiner Söhne, und er lief aus dem Haus.

Er hatte von nun an nur noch einen einzigen Gedanken: Wie er sich an seinem Bruder Atreus rächen könnte. Als erstes suchte er einen Seher auf, weil er wußte, mit natürlichen Mitteln konnte er gegen dieses Scheusal nicht ankommen.

Der Seher sagte zu ihm: »Nimm dich in acht, Thyestes. Nimm dich in acht vor der Rache. Die Rache ist nur über einen grausamen Weg zu erreichen.«

»Das ist mir egal«, sagte Thyestes, »ganz egal ist mir das! Ich will Rache!«

»Gut«, sagte der Hellseher, »du sollst deine Tochter vergewaltigen, und wenn sie einen Sohn zur Welt bringt, wird er dich rächen. Er wird deinen Bruder töten.«

Thyestes überlegte nicht lange und suchte seine Tochter auf. Sie war noch ein junges Mädchen, das von alledem nichts wußte, weil ihre Mutter sie von dem Haß der beiden Brüder fernhalten wollte. Thyestes sah sie, wie sie gerade ins Wasser stieg, um sich zu baden, bei einem Wasserfall war das, und er hatte kein Mitleid mit seinem Töchterchen, er wollte nur die Rache. Er stürzte sich auf sie und vergewaltigte sie.

Sie brachte den Aigisthos zur Welt. Dieser Knabe wurde von Thyestes wie eine Killermaschine erzogen. Als Siebenjähriger tötete er Atreus mit demselben Schwert, mit dem er zuvor seine Mutter, die ihn an dieser Tat hindern wollte, getötet hatte.

Und damit war der Fluch weitergesponnen. Das Töten und Hassen hatte sein Ende noch nicht gefunden.

Agamemnon und Orest

*Von Klytaimnestra – Von Iphigenie – Von der Pflicht
zur Rache – Von Aigisthos – Von den Göttinnen
der Rache – Von der Vergebung*

Atreus hatte zwei Söhne, Agamemnon und Menelaos. Agamemnon, der König von Mykene, war der große Heerführer der Griechen vor Troja, der Völkerfürst, wie er bei Homer auch genannt wird. Er hat die verschiedenen Heere der Griechen zusammengeführt und hat als Generalissimus die Belagerung und den Angriff gegen Troja geleitet.

Menelaos, sein Bruder, herrschte über Lakedaimon, das später Sparta hieß, und war der reichste Mann in der damaligen Welt. Er war der Gatte der Helena, aber davon wird noch ausführlich berichtet werden.

Bleiben wir bei Agamemnon. Agamemnon begehrte Klytaimnestra, die Schwester der schönen Helena. Aber Klytaimnestra war bereits verheiratet. Sie war mit einem unansehnlichen, aber höflichen Mann verheiratet, und sie hatte ein Kind mit diesem unansehnlichen, aber höflichen Mann. Sie liebte ihren Mann, und der Mann liebte sie, und beide liebten sie ihr Kind, sie waren eine glückliche Familie. Es verlangte sie nicht danach, in die Geschichte einzugehen, sie wollten ein ruhiges, friedliches, langweiliges Leben führen. Aber das Schicksal sah anderes vor.

Als Agamemnon Klytaimnestra zum ersten Mal sah, es war bei einem königlichen Empfang, saß sie im Thronsaal neben ihrem höflichen Mann und hielt ihr Knäblein im Arm. Agamemnon wollte sie haben. Sofort, auf der Stelle wollte er sie haben. Vor allen Anwesenden zog er das Schwert, schlug Klytaimnestra das Kind aus dem Arm, schlug es in zwei Teile und metzelte ihren Mann nieder. Nicht genug: In diesem Blutbad über den Leichen derer, die ihr Leben bedeutet hatten, vergewaltigte Agamemnon Klytaimnestra.

Es läßt sich wohl denken, daß Klytaimnestra dieses Vieh niemals geliebt hat. Und bei allem, was weiter geschehen wird, sind wir versucht, dieser Frau einen Freibrief auszustellen, um so mehr, als sie in den Erzählungen so wenig Gerechtigkeit erfährt. Gustav Schwab führt in seinen Sagen des klassischen Altertums für die Bestialität des Agamemnon Gründe der Staatsräson an und verurteilt am Ende die arme, geschundene Frau.

Klytaimnestra wurde Agamemnons Frau. Ihr Vater Tyndareos ließ sich für die Untat von Agamemnon bezahlen und versöhnte sich mit ihm.

Agamemnon sagte: »Das war eine Aufwallung von Zorn, ich habe eben einen aufbrausenden Charakter.«

Tyndareos sagte: »Die Sache ist vergessen«, und zu Klytaimnestra sagte er: »Bleibe du bei Agamemnon, er ist ein reicher Mann.« Sie hatte wenig Möglichkeiten, nicht zu gehorchen.

Klytaimnestra gebar Agamemnon die Kinder Iphigenie, Elektra und Orest.

Als dann der Trojanische Krieg begann und das Heer sich in Aulis sammelte, vertrieb sich Agamemnon die Zeit mit Jagen. Und erlegte eine heilige Hirschkuh.

Artemis, die Göttin der Jagd, war darüber zornig, und sie bestrafte die Flotte der Griechen mit Windstille. Die Schiffe lagen im Hafen, die Helden mußten ihre Kriegslust zügeln.

Als der Seher Kalchas befragt wurde, was denn zu tun sei, damit endlich günstiger Wind aufkomme, sagte er: »Wenn Agamemnon bereit ist, seine Tochter Iphigenie auf einem Altar der Artemis zu opfern, dann wird günstiger Wind kommen.«

Agamemnon zögerte nicht einen Augenblick. Zu wichtig war es, nach Troja zu ziehen, um dort Köpfe einzuschlagen. Er zwang das Mädchen Iphigenie auf die Opferbank, und er hätte ihr eigenhändig die Kehle durchgeschnitten, wenn nicht Artemis im letzten Augenblick Mitleid gehabt hätte und Iphigenie vom Altar hinweghob. – Dieses Bild erinnert uns natürlich wieder an eine biblische Geschichte. Die Mythen der Welt, so scheint es, sind untergründig miteinander verstrickt. Es erinnert uns an die Geschichte von Abraham und Isaak. Auch Isaak ist im letzten Augenblick gerettet worden, ebenfalls von der gleichen Macht, die zuvor seine Tötung angeordnet hatte.

Iphigenie wurde von der Göttin Artemis hochgehoben und wurde auf die Insel Tauris getragen. Der Wind setzte wieder ein, und die Männer konnten endlich nach Troja fahren. Klytaimnestras Haß aber wuchs. Sie sann auf Rache, blickte sich nach einem Verbündeten um.

Während des Trojanischen Krieges kam es zu einem denkwürdigen Zwischenfall. Der Erfinder Palamedes, der auf der Seite der Griechen kämpfte, wurde in eine Intrige verwickelt, die Odysseus angezettelt hatte, es wurde ihm vorgeworfen, er habe an den Feind Geheimnisse verraten. Das war glatt gelogen, ich sage es gleich. Aber Agamemnon gab Befehl, den Palamedes zu steinigen. Und der Befehl wurde ausgeführt.

Da kam des Palamedes Vater Nauplios ins Lager, forderte Aufklärung und Genugtuung. Aber er wurde nur verlacht und beschimpft. Da fluchte er auf das ganze Heer und sagte: »Ihr alle, die ihr dafür gewesen seid, daß mein Sohn Palamedes gesteinigt wird, ihr alle werdet euch noch wundern!«

Und was war dieses Wunder? Nauplios war ein Mann, der über die Kunst des Überredens verfügte wie kein zweiter. Er machte sich auf den Weg, besuchte die Heimat eines jeden griechischen Helden, der in Troja kämpfte, und überredete ihre Frauen dazu, sich mit anderen Männern ins Bett zu legen. Das konnte er. Und das gelang ihm.

So kam er auch an den Hof des Agamemnon in Mykene und traf dort Klytaimnestra. Bei ihr mußte er keine große Überredungskunst aufwenden, er fand in Klytaimnestras Herzen hinreichend Haß vor. Und welchen Mann redete er der Gattin des Agamemnon als Galan ein? Den Aigisthos. Ja, jenen Aigisthos, der als Siebenjähriger Atreus, des Agamemnon Vater, mit dem Schwert getötet hatte. Nauplios kuppelte zwischen Klytaimnestra und Aigisthos, in Aigisthos fand Klytaimnestra den richtigen Verbündeten im Haß gegen ihren Mann. – Dieses Paar war lebendiger Sprengstoff.

Sogar die Götter machten sich Sorgen. Hermes wurde vom Olymp heruntergeschickt, um den Aigisthos zu warnen: »Tu das nicht«, sagte er, »es wird ein bitteres Ende finden.«

Aber Aigisthos ließ sich nicht umstimmen, moralische

Skrupel kannte er nicht. Und auch Klytaimnestra hatte längst jede Hemmung abgelegt.

Sie sagte zu Aigisthos: »Wenn du mich nur ein wenig liebst und wenn du alles bekommen willst, was mir gehört, und mir gehört alles, dann hilf mir, meinen Gatten Agamemnon zu töten. Denn mein Leben hat nur noch dieses eine Ziel: Ich will ihn tot sehen.«

Aigisthos versprach ihr seine Hilfe. Er war der Sohn des Thyestes, seit seiner Kindheit galt ihm ein Motto: Die Atriden müssen vernichtet werden.

Dann kehrte Agamemnon aus Troja zurück. Er kam nicht allein, er brachte Kassandra, die trojanische Seherin, als seine Beute mit.

Klytaimnestra lud ihn ins Bad. »Nach so vielen Jahren Krieg, was wirst du dich nach einem wohlriechenden, heißen Bad gesehnt haben!«

Agamemnon sagte: »Ja, das habe ich.«

Und als er ins Bad steigen wollte, warf Aigisthos ein Netz über ihn, und Klytaimnestra stand da mit dem Beil, und sie erschlug Agamemnon.

Und Aigisthos erschlug Kassandra.

Elektra, die Tochter von Klytaimnestra und Agamemnon, soll angeblich Zeugin gewesen sein, als ihr Vater ermordet wurde – ihr geliebter Vater, sie hatte ihn ja nicht gekannt, er war ja im Krieg gewesen, als sie aufgewachsen war, aber er war für sie das große Vorbild, der Held ihrer Kindheit. Elektra soll mit angesehen haben, wie ihr Vater von ihrer Mutter und dem Liebhaber ihrer Mutter im Bad erschlagen wurde wie ein Ochse im Schlachthaus.

Elektra suchte ihren Bruder Orest auf, den die Großeltern aufgezogen hatten.

Elektra sagte zu Orest: »Du weißt, was du zu tun hast.« Orest war noch ein blutjunger Mann, und er sagte: »Ich weiß nicht, was ich zu tun habe.«

»Du mußt unseren Vater rächen«, sagte Elektra.

Man stelle sich das vor! Orest hat weder seine Mutter gekannt, den Aigisthos hat er überhaupt nicht gekannt, und seinen Vater Agamemnon hat er nie gesehen. In was für eine Situation gerät er da! Ein halber Knabe noch! Er will das nicht.

Elektra sagt: »Gut, ich will dich nicht drängen, geh du nach Delphi. Geh nach Delphi und befrage das Orakel, was du tun sollst.«

Orest tat es, er ging nach Delphi, und das Orakel sagte: »Du mußt die Blutrache weiterführen. Du mußt deinen Vater rächen. Wenn du es nicht tust, wirst du die Lepra bekommen, sie wird dir dein Fleisch von den Knochen fressen. Dein Körper wird in einem Haufen Schimmel ersticken.«

So der Wortlaut.

Nun wußte Orest, daß es nicht nur der Wunsch seiner Schwester Elektra, sondern auch göttlicher Wunsch war: Er sollte seine Mutter töten.

Er zog Erkundigungen ein, erfuhr, wie sich Aigisthos aufführte, daß er keinen Tag vergehen ließ, ohne daß er sein Wasser auf das Grab des Agamemnon abgeschlagen hatte; daß er auf dem Grabhügel tanzte und dabei rief: »Komm, Orest, verteidige die Ehre deines Vaters, verteidige dein Eigentum!«

Schweren Herzens machte sich Orest auf den Weg nach Mykene, das er bereits als kleines Kind verlassen hatte.

Er kam auf den Hof, gab sich nicht als der zu erkennen, der er war. Er führte eine Urne bei sich, sagte, er wolle mit Klytaimnestra und Aigisthos sprechen. Aigisthos war gerade dabei, ein Opfer darzubringen. Man fragt sich: Wem eigentlich? Gab es da noch einen Gott, an den sich Aigisthos wenden konnte? Es ist dies eine unzutreffende, eine christliche Frage, die griechischen Götter waren keine Adepten der Bergpredigt oder irgendwelcher kategorischer Imperative.

Aigisthos hatte hellseherische Fähigkeiten. Er riß den Tieren den Bauch auf und las in den Gedärmen die Zukunft. Er ließ sich bei Orest entschuldigen, er sei im Augenblick beschäftigt.

Orest sprach zuerst also mit seiner Mutter Klytaimnestra allein. Er sagte: »Ich habe deinen Sohn Orest gekannt, er ist gestorben. Ich bringe dir in der Urne hier seine Asche.«

Darüber war Klytaimnestra sehr traurig, aber auch froh, denn sie hatte gefürchtet, daß ihr Sohn sich würde rächen wollen. Sie lud diesen jungen Mann, der ihr die Botschaft gebracht hatte, ein, eine Weile am Hof zu bleiben. Er war ihr sympathisch.

Orest sagte, er würde gerne auch den Aigisthos kennenlernen, er habe so viel von ihm gehört, überall sei man voll des Lobes über ihn, er sei dem Reich in der schwersten Stunde beigestanden, heiße es überall – sagte er. Er sei gerade dabei, aus den Eingeweiden eines Tieres seine und ihre Zukunft zu lesen, sagte Klytaimnestra. Ob er da nicht zuschauen dürfe, fragte Orest, das interessiere ihn.

»Gern«, sagte Klytaimnestra.

Sie begaben sich in die Opferkammer, wo Aigisthos gerade über das Opfertier gebeugt war. Da riß ihm Orest das breite Opfermesser aus der Hand und schlug damit

dem Aigisthos den Kopf ab. Der Kopf fiel in die Einge-
weide des Tieres und versank im Blut.

Klytaimnestra erkannte, daß dies ihr Sohn Orest war.
Schreiend fiel sie vor ihm auf die Knie, flehte, er möge
sie, seine eigene Mutter, verschonen. Öffnete ihr Gewand
und zeigte ihm ihre Brüste. »Daraus hast du getrunken«,
schrie sie.

Aber ohne jedes Mitleid, mit einem Schlag seines
Schwertes, enthauptete Orest seine Mutter. Damit hatte
er vollbracht, was das Orakel in Delphi von ihm gefor-
dert hatte.

Aber die Erinnyen, jene Rachegeister, die aus den
Blutstropfen des Uranos entstanden sind, die grausamen,
unbarmherzigen Erinnyen werden Orest verfolgen. Sie
lassen es nicht zu, daß der Sohn ungestraft die Mutter tötet. Sie hetzen ihn durch die ganze Welt.

Orest wird wahnsinnig. Er wird verrückt, er beißt sich
in seiner Verzweiflung einen Finger ab. Schließlich liefern
ihn die Erinnyen an ein weltlich-göttliches Gericht aus,
nämlich an den Areopag in Athen.

Diesem Gericht steht Pallas Athene vor. Apoll über-
nimmt die Verteidigung des Orest. Sein Orakel in Delphi
hat ihm ja geraten, die Blutrache weiterzutreiben. Die
Erinnyen vertreten die Anklage. Als Schöffen sind die
Bürger von Athen bestellt.

Jeder trägt seine Sache vor. Orest sagt: »Apoll und sein
Orakel haben mich geheißen, meine Mutter zu töten.«

Die Erinnyen argumentieren: »Niemand darf den Leib
töten, aus dem er selbst gekommen ist.«

Am Schluß stimmen die Bürger von Athen ab, und
siehe da, es besteht Stimmengleichheit. Es gibt kein ein-
deutiges Urteil gegen und für den Orest.

Da geschieht etwas Merkwürdiges: Pallas Athene, die Göttin – sie ist ja eine Frau, eine weibliche Gottheit – Athene steigt von ihrem Vorsitz herunter und stellt sich zu jenen Schöffen, die für Orest gestimmt haben.

Und zwar tut sie das mit der Begründung: »Väter haben gegenüber den Müttern den Vorrang.«

Genauso drückt sie es aus. Damit ist das Matriarchat zu Ende.

Ursprünglich gab es nur weibliche Gottheiten. Die männlichen Gottheiten sind alle später entstanden, sie kamen erst dazu. Mit ihrem Spruch über das Schicksal des Orest hat Athene das Matriarchat verabschiedet.

Krieg um Troja

*Von der Nymphe Thetis und ihren Liebhabern – Von
einer gestörten Hochzeit – Von einem goldenen Apfel –
Vom Urteil des Paris – Von einer anderen Hochzeit –
Von Helena und Menelaos – Vom Raub der schönsten
Frau der Welt – Vom Krieg im allgemeinen – Von der
Kunst, sich zu drücken – Vom Krieg im besonderen*

Der Trojanische Krieg war für die Antike der Inbegriff
des Krieges – vielleicht ist er der Inbegriff des Krieges im
Abendland. Wenn wir uns anschauen, wie viele Dichter
allein in unserem Jahrhundert den Trojanischen Krieg als
Quelle ihrer Inspiration genutzt haben – angefangen bei
Bert Brecht über Friedrich Dürrenmatt, Jean Giraudoux,
Jean Anouilh oder in Amerika Eugene O'Neill.

Im Gegensatz zu anderen Mythen ist der reale Hintergrund des Trojanischen Krieges noch sehr deutlich
sichtbar. Troja hat es gegeben, sogar mehrere Trojas hat
es gegeben, die übereinander gebaut worden sind, man
spricht von den verschiedenen Schichten. Aber auch das
legendäre Troja, vor dessen Toren dieser Krieg stattge-
funden hat, war real. Es war dies der erste Krieg zwischen
Europa und Asien. Troja liegt in Kleinasien, in der heutigen Türkei. Es war eine Tochterstadt Griechenlands,
also eine Kolonie. Es werden machtpolitische Gründe gewesen sein, die zu diesem Krieg geführt haben, und dann
hat sich die Mythe das Geschehen anverwandelt, hat die
Geschichte aus dem Aktuellen ins Überzeitliche gehoben
und somit einen Spiegel geschaffen, in dem sich die Generationen bis herauf zu uns wiedererkennen.

Uns interessieren die mythischen Antworten. Es gibt zwei Wurzeln des Krieges. Von ihnen soll im folgenden die Rede sein.

Von der Nymphe Thetis habe ich bereits erzählt. Sie muß bezaubernd schön gewesen sein. Zeus, wie sollte es auch anders sein, verliebte sich in sie. Nicht nur Zeus verliebte sich in sie, auch Poseidon verliebte sich in sie. Wir erinnern uns daran, daß sie eine fürsorgliche Ersatzmutter für Hephaistos war, den Gott, der von Hera vom Himmel heruntergeschleudert worden war. Es wird wohl ihr Wesen, ihre gütige, warme, mütterliche Art gewesen sein, von der die beiden großen Götter angezogen wurden.

Aber über Thetis schwebte ein Orakelspruch, und der besagte: »Wenn Thetis einen Sohn gebären wird, dann wird der mächtiger werden als sein Vater, ganz egal, wer dieser Vater auch sein mag.«

Man kann sich denken, daß dieser Orakelspruch das Werben von Zeus und Poseidon doch einigermaßen gehemmt hat. Aber wie es ist: Wenn feine, große Herren sich um ein hübsches, kleines Mädchen bewerben, das sie dann doch nicht kriegen, weil sie es eben doch nicht wollen, dann wollen sie dieses Mädchen wenigstens in sicheren – sprich törichten – Händen wissen, und sie kümmern sich um eine Verheiratung.

Nicht anders dachten und handelten Zeus und Poseidon.

Zeus sagte: »Gut, mich wird sie nicht kriegen.«

Und Poseidon sagte dasselbe: »Wir wollen ihr aber für die Lieblichkeiten, die sie uns gewährt hat, revanchieren und sie mit einem anständigen – also etwas langweiligen – Mann verheiraten, bei dem es keine Rolle spielt, wenn sein Sohn mächtiger wird als er.«

Zeus blickte sich auf dem Erdenrund um, und sein Blick fiel auf Peleus. Von Peleus wird erzählt, er sei ein äußerst kräftig gebauter junger Mann gewesen. Er soll einen besonders schönen Körper gehabt haben, und auch was seine Männlichkeit betraf, soll er sehr entwickelt gewesen sein.

Eines Tages sei, so hieß es, und diese Geschichte gab den Ausschlag, daß sich Zeus ausgerechnet für ihn entschied, eines Tages soll Peleus bei einem befreundeten König zu Gast gewesen sein. Der König sei ein geradezu idiotisch beschäftigter Mann gewesen, er hatte nicht einmal Zeit, mit seinem Gast zu frühstücken. Das tat dann die Königin. Und nach dem Frühstück wollte sie diesen wohlgebauten Peleus in ihr Bett ziehen. Aber Peleus, zwar kräftig und schön gebaut, aber schlicht, einfach von Gemüt, sträubte sich dagegen.

Er sagte: »Du bist schön, und ich halte es ja auch kaum aus, neben dir am Frühstückstisch zu sitzen. Aber ich kann unmöglich ein Gast deines Mannes sein und zugleich mit dir ins Bett gehen. Das kann ich nicht, das tue ich nicht.«

Die Königin zeigte daraufhin den Peleus bei ihrem Mann an, sagte: »Er wollte etwas von mir.«

Aber Peleus leugnete so standhaft, und sein Blick war so gerade, daß ihm der König glaubte.

Diese Begebenheit hat sich Zeus vom Olymp aus mitangesehen, und er sagte zu Poseidon: »Schau her, Bruder, das wäre doch der richtige Mann für unsere Thetis. Da bekommt sie einen ehrlichen, liebenswürdigen, etwas langweiligen, aber gut gebauten Menschen, und es spielt keine Rolle, wenn sein Sohn bedeutender wird als er. Was meinst du?«

Poseidon war einverstanden.

Die Göttermutter Hera freute sich auch darüber, daß wenigstens ein weibliches Wesen ihrem Gatten entgangen war, und so schlug sie vor, man solle doch die Hochzeit der Thetis ordentlich mit allem Prunk und Protz feiern.

Aber vorher mußte Peleus die Nymphe erst für sich gewinnen, und das war ganz und gar nicht so einfach. Die Nymphe Thetis wußte von dem Orakelspruch, und sie ärgerte sich darüber, versaute er ihr doch eine gute Partie, denn sie hätte sich eben doch den große Zeus oder wenigstens Poseidon als Liebhaber gewünscht. Zeus und Poseidon wußten, daß sie mit einem Menschen nicht auf Anhieb einverstanden sein würde.

Sie gaben dem Peleus einige Ratschläge, sie sagten: »Warte hier vor dieser Grotte auf sie, sie kommt jeden Nachmittag. Sie reitet auf einem Delphin hierher, um ihr Mittagsschläfchen abzuhalten. Dann, sobald sie liegt, mußt du auf sie drauf, du mußt sie festhalten, ganz egal, was mit ihr geschieht. Wenn du sie losläßt, verlierst du sie.«

»Was geschieht denn mit ihr«, wollte Peleus wissen.

Das sagten ihm die Götter nicht, sie wollten sich den Spaß des Zusehens nicht schmälern.

Peleus hat also vor der Grotte auf Thetis gelauert. Sie kam auf dem Delphin reitend daher, legte sich nieder, und Peleus stürzte sich auf sie. Da verwandelte sich Thetis in einen Feuerball und verbrannte ihm die Haut, aber er ließ sie nicht los. Sie verwandelte sich in eine Bärin und kratzte ihm die eben wundgebrannte Haut vom Körper. Aber Peleus ließ sie nicht los. Als sie sah, daß dieser Liebhaber sie so feurig begehrte, gab sie nach und umarmte ihn.

Das sahen die Götter, und sie sagten: »Jetzt können wir auch zu eurer Hochzeit kommen.«

Schon einmal waren die Götter zu einer Hochzeit auf die Erde herabgestiegen; erinnern wir uns: Es war, als Kadmos die Harmonia heiratete. Nun geschah es zum zweiten Mal – und es war auch das letzte Mal.

Sie kamen und brachten prächtige Geschenke mit. Dem Peleus schenkten sie ein paar unsterbliche Pferde. Es ist gar nicht auszudenken, was für ein Geschenk das war! Sie schenkten ihm aber auch noch eine goldene Rüstung, die schönste Rüstung, die je gemacht worden war. Geschmiedet hatte sie natürlich kein anderer als Hephaistos, der Alleskönner.

Es war ein wunderbares, einzigartiges Fest. Alle Götter waren gekommen, nur eine Gottheit war nicht eingeladen worden, nämlich Eris, die Göttin der Zwietracht. Wer lädt schon die Zwietracht zu seinem Hochzeitsfest ein?

Und wie wir es auch aus den Märchen der Brüder Grimm kennen: Das hat die Übergangene sehr ergrimmt. Und sie ist dann doch erschienen. Gerade nach dem Essen, als die Herrschaften noch bei einem Gläschen zusammen standen, kam sie zur Tür herein. Sie hatte auch etwas mitgebracht. Sie blickte sich um und sah die drei Göttinnen, Athene, Hera und Aphrodite, viel bedeutendere Göttinnen, als sie eine war, beieinander stehen, miteinander plaudern. Da schlich sie sich in ihre Nähe und packte ihr Geschenk aus, es war ein goldener Apfel. Diesen goldenen Apfel rollte sie auf dem Boden in Richtung auf diese drei Göttinnen zu, und dann verließ sie laut lachend den Saal.

Es trat Ruhe ein. Alle sahen, Eris war gekommen, und alle wußten, es wird nun etwas Schreckliches geschehen.

Peleus, der Bräutigam, hob schnell den goldenen Apfel auf. Den Göttinnen war ja nicht zuzumuten, daß sie sich bückten. Peleus schaute den Apfel an und las, was in seine Schale eingraviert war.

Dort stand nämlich: »Für die Schönste.«

Ach, wäre dieser Peleus doch klug genug gewesen und hätte sich aus der Affäre winden können, hätte zum Beispiel gesagt: »Ich möchte um Verständnis bei den anwesenden Göttinnen bitten. Ich möchte diesen Apfel an meinem Hochzeitstag selbstverständlich meiner Frau überreichen.« Alle hätten es verstanden, hätten es als eine charmante Geste empfunden.

Aber Peleus verfügte über keinerlei Klugheit, über keinerlei Charme. Er stand wie eingepflockt, blickte zu den drei Göttinnen und sagte: »Entschuldigung, eine Frage: Welche von euch dreien ist die Schönste? Den Apfel hier, den muß ich, glaub' ich, weitergeben.«

Da schritt schnell Zeus ein und sagte: »Nein, nicht Peleus, der Bräutigam, soll diese verdammte Entscheidung treffen. Wie kommt er dazu!«

Zeus nahm den Apfel an sich und sagte: »Ein anderer soll entscheiden, wer von euch dreien, Aphrodite, Hera, Athene, die Schönste ist.«

Die Menschen haben kein Glück mit den Göttern, die Götter kein Glück mit den Menschen. Erst hatte Zeus einen Gemahl für Thetis gesucht, jetzt suchte er einen Schiedsrichter.

Sein Blick fiel auf Paris, einen der Prinzen von Troja. Er war der Sohn des Priamos und der Hekabe. Paris, als er noch im Mutterleib war, verursachte einige Aufregung im Hause seiner Eltern, denn bevor er geboren wurde, hatte seine Mutter einen Traum. Hekabe träumte, sie gebäre ein Holzscheit, aus dem brennende Schlangen hervorbrechen.

Ihr Traum wurde gedeutet, und der Seher sagte zu ihr: »Du mußt das Kind sofort nach der Geburt töten lassen. Denn dieser Traum heißt: Das Kind wird Unglück und Feuersbrunst über die Stadt bringen.«

Es wurde beschlossen, den Prinzen zu töten.

Wir kennen die ähnliche Geschichte von Ödipus. Der Knecht, der Paris hätte töten sollen, brachte es auch nicht übers Herz. Er übergab das Kind einer Bärin, und die zog ihn auf. Paris wuchs schließlich bei Hirten auf. Als er ein junger Mann war, wurde er von seinen königlichen Brüdern erkannt und freudig zu Hause aufgenommen. Soweit seine Vorgeschichte.

Warum Zeus ausgerechnet ihn zum Schiedsrichter bestimmte? Man weiß es nicht. Der göttliche Ratschluß wird vor uns Menschen nicht gerechtfertigt. Jedenfalls, Paris, der nichts lieber tat, als seine Rinder zu hüten, sitzt da eines Tages am Wegesrand, hat einen Grashalm im Mund, und plötzlich, wie aus der Erde geschossen, stehen die drei Göttinnen vor ihm und sagen: »Du sollst entscheiden, wer von uns die Schönste ist.«

Hera verspricht ihm Macht, Athene Weisheit und militärische Stärke. Interessant, interessant. – Aphrodite aber verspricht ihm die schönste Frau der Welt.

Paris gab den goldenen Apfel der Aphrodite. – Er kann einem leid tun, denn es war ihm schon klar: Ganz egal, wen ich auch wählen werde, ich werde eine Freundin, aber zwei Feindinnen haben.

Aphrodite fädelte nun alles ein. Paris fuhr über das Meer zu Menelaos, dem König von Sparta, dem Gatten der Helena. Er raubte Helena – denn sie war die schönste Frau der Welt – und fuhr mit ihr zurück nach Troja.

Der Raub der Helena war der Anlaß für den Trojanischen Krieg.

Warum aber haben sich sämtliche Fürsten Griechenlands zusammengefunden, um diesem zwar ungeheuer reichen, aber eher schwächlichen König Menelaos zu helfen, seine Frau zurückzuerobern? Die Geschichte der griechischen Fürsten läßt sonst nicht darauf schließen, daß sie zusammengehalten hätten. Ganz im Gegenteil: Was dem einen zustieß, hat den anderen nicht interessiert oder gar gefreut. Diesmal standen sie alle zusammen, kamen aus allen Enden Griechenlands, um dem Menelaos zu helfen. Warum?

Ich muß wieder weiter hinten anfangen. Und wo fängt es an: Wieder beim Göttervater Zeus…

Leda, eine Königin, bekam eines Tages Besuch von Zeus. Aber weil Zeus ihr nicht in seiner Herrlichkeit erscheinen wollte, hatte er sich in einen Schwan verwandelt. Als Schwan stieg er über die Leda und befruchtete sie. Leda gebar ein Ei, und aus diesem Ei schälte sich ein wunderschönes weißhäutiges Mädchen. Es war jedem klar, dieses Kind wird die schönste Frau des ganzen Erdkreises werden. Es war Helena.

Helena wuchs bei Leda, ihrer Mutter, und Tyndareos ihrem Ziehvater, auf. Ihr Ruf war ein sagenhafter. Sie war bekannt als die schönste Frau, die je gelebt hat, und man sagte, es werde nie eine schöner sein. Und nun wurde sie zur Vermählung freigegeben.

Aus allen Ecken und Enden Griechenlands kamen die Helden, die Tapferen, die Schönen, die Klugen, die Reichen, die Mächtigen, um sich um die Hand der schönen

Helena zu bewerben. Da war Agamemnon, der führte allerdings nicht seine eigenen Geschäfte, der führte die Geschäfte seines Bruders Menelaos, weil sich Menelaos nicht traute. Es kam der telamonische Ajas, der lokrische Ajas, Idomeneus kam, und Diomedes kam, es kam aber auch Odysseus. Dem Tyndareos wurde langsam angst und bange. Denn er wußte: Gleich, wem er Helena zur Frau geben wird, er wird alle anderen zu Feinden haben. Er dachte: »Sobald ich das Urteil gesprochen habe, werden diese Haudegen übereinander herfallen und sich die Köpfe blutig schlagen, und mich werden sie als ersten hinmachen.« – Das wollte er natürlich verhindern.

Odysseus war der ärmste der Anwärter, er hatte nichts mitgebracht, er war auch gar nicht so scharf auf die Helena. Er war vielmehr interessiert an Penelope, ihrer Cousine.

Odysseus trat vor Tyndareos hin und sagte: »Paß auf! Wenn ich verhindern kann, daß es Streit gibt, sorgst du dann dafür, daß ich die Penelope bekomme?«

»Oh, gern! Selbstverständlich!« rief Tyndareos.

»Gut«, sagte Odysseus, »dann machen wir doch folgendes: Laß ein Pferd schlachten, breite das Fleisch auf dem Boden aus. Alle Helden sollen auf das Fleisch steigen und schwören, daß sie, wer auch immer Helena zur Gattin bekommt, demselben beistehen, sollte jemand versuchen, sie ihm abspenstig zu machen.« – Ein etwas komplizierter Schwur, zugegeben. Aber Odysseus erklärte es den Männern, und sie begriffen und waren alle einverstanden.

Erleichtert gab Tyndareos seine Ziehtochter Helena an Agamemnon, damit dieser sie für seinen Bruder Menelaos nach Hause führe. Menelaos war der Reichste von allen. Die anderen zogen, vielleicht zähneknirschend, ab. Ein Schwur war ein Schwur. Sie dachten: »Wer wird sich schon an die Frau von Menelaos heranmachen wollen, Menelaos steht ja unter dem Schutz seines mächtigen Bruders Agamemnon.«

Aber dann kam dieser Paris, der Prinz aus der kleinasiatischen Kolonie, und er raubte Helena. Und es fiel ihm nicht einmal schwer, denn Helena, von Aphrodite präpariert, hatte sich in ihn verliebt.

Nachdem Menelaos seine Tränen getrocknet hatte, rief er seinen Bruder.

»Jetzt ist es soweit«, sagte er.

Und Agamemnon sagte: »Ja, jetzt ist es soweit.«

Alle Helden, die geschworen hatten, wurden zusammengetrommelt. Es wurden die berühmtesten Seher geholt, weil ohne einen Seherspruch wäre man niemals in den Krieg gezogen. Man konnte Kalchas gewinnen, neben Teiresias der berühmteste Seher des Altertums. Als erstes sagte er: »Folgendes muß geschehen, sonst brauchen wir gar nicht loszufahren: Sucht den Sohn des Peleus und der Thetis! Ohne diesen Sohn, der, wie das Orakel sagte, stärker sein wird als sein Vater, brauchen wir überhaupt nicht in See zu stechen.«

Wer war dieser Sohn, der stärker und mächtiger und berühmter werden würde als sein Vater? – Es war niemand anderer als der strahlendste Held der gesamten griechischen Mythologie, nämlich Achill.

Über Achill will ich noch eine kleine Geschichte erzählen: Als ihn Thetis zur Welt gebracht hatte, dieses kleine, stählerne Baby, das sich schon so kräftig anfaßte, tat ihr dieses Kind sehr leid. Denn sie wußte, es ist ein

Menschenkind, zumindest ein halbes Menschenkind ist es, und es wird eines Tages sterben müssen. Also wollte sie Achill unsterblich machen. Sie schürte ihren Ofen an, worin sie sonst ihr Brot buk, nahm das Kind und schob es hinein, weil sie sich sagte: »Ich möchte alles Sterbliche an ihm ausbrennen.«

Diese Methode war nicht verrückt, sie funktionierte durchaus, das wissen aber nur Nymphen und Halbgötter, normale Menschen wissen das nicht. Als der kleine Achill im Ofen war und so richtig ausgebrannt wurde, kam Peleus in die Höhle seiner Gattin, sah, was sie da tat, und wurde von Entsetzen gepackt. Sie hatte den Achill noch nicht ganz in den Ofen geschoben, sie hielt ihn noch an der Ferse fest, da stürzte sich Peleus auf sie, stieß sie beiseite, holte seinen kleinen Sohn aus dem Ofen und warf ihn ins Wasser, um ihn abzukühlen.

»Bist du denn von allen guten Geistern verlassen!« schrie Peleus seine Gattin an.

Und Thetis schrie den Peleus an: »Du hast ja keine Ahnung von dem, was ich hier mache! Was funkst du denn dazwischen!«

Und er: »Du willst doch nicht dein Kind verbrennen?«

Und sie: »Ich will es nicht verbrennen, ich will es unsterblich machen. Aber mit dir will ich nicht mehr zusammen sein!«

Sie sprang ins Meer und verließ Peleus.

Achill war nun fast am ganzen Körper unsterblich gemacht, das heißt unverwundbar, nur nicht eben an der einen Stelle, wo ihn die Thetis festgehalten hatte, nämlich hinten an der Ferse, dort war noch Menschliches, Sterbliches, Schmerzhaftes. Jeder weiß, wie die Sehne heißt, die zur Ferse führt, es ist die Achillessehne.

Wir erinnern uns an unsere etwas grobschlächtigere nordische Mythologie, an Siegfried. Er war am ganzen Körper durch Drachenblut, in dem er als junger Mann gebadet hatte, geschützt, auch er war also unverwundbar. Nur an einer Stelle, zwischen den Schulterblättern, wo ein kleines Lindenblatt darauf gefallen war, da war er verwundbar.

Nun also machte sich Menelaos auf den Weg, um die Fürsten an ihr Versprechen zu erinnern. Er wurde dabei begleitet von dem alten, weisen König Nestor von Pylos und von dem intelligenten Erfinder Palamedes. Nicht alle ließen sich gerne an ihren Schwur erinnern, einer zumindest wäre lieber zu Hause geblieben bei seiner Frau und seinem Sohn und seiner Wirtschaft, anstatt in den Krieg zu ziehen. Interessanterweise war es ausgerechnet der listenreiche Odysseus, der sich drücken wollte. Auf seinem Mist war die Idee mit dem Schwur ja gewachsen!

Seine List schlug diesmal auf ihn selbst zurück. Palamedes, Nestor und Menelaos kamen also nach Ithaka, auf den Hof des Odysseus, und wollten ihn abholen. Odysseus war jung verheiratet mit der schönen, klugen Penelope, und sie hatten einen kleinen Sohn, der war knapp ein Jahr alt, Telemach.

Als Menelaos, Nestor und Palamedes zum Haus des Odysseus kamen, fanden sie ihn nicht vor. Es war nur Penelope da, sie hielt den kleinen Telemach auf dem Arm, und sie fragten: »Wo ist dein Mann, Penelope?«

»Mein Mann ist nicht hier«, sagte Penelope.

»Warum? Ist etwas mit ihm?« fragten sie.

»Ja«, sagte Penelope, »er ist eigenartig geworden.«

Palamedes traute der ganzen Geschichte von Anfang an nicht, er sagte: »Zeig uns doch deinen Mann. Wo ist er?«

»Er ist unten am Strand«, sagte Penelope.

»Dann führe uns zu ihm«, sagte Palamedes.

Penelope, das konnten die drei Helden sehen, war sehr aufgeregt, wirkte sehr unsicher. Sie trug den kleinen Telemach auf dem Arm und ging voran. Die drei folgten ihr zum Strand hinunter.

Dort bot sich ihnen ein seltsames Bild: Der listenreiche, für seine Klugheit im ganzen Erdenkreis berühmte Odysseus pflügte den Sand. Er hatte vor den Pflug einen Ochsen und einen Esel gespannt, auf dem Kopf trug er eine Narrenkappe. Er pflügte den Sand und säte in die Furchen Salz.

Menelaos, der ein weiches Herz hatte und den Odysseus immer sehr geliebt hatte, fing zu weinen an und rief: »Mein großer Freund Odysseus ist übergeschnappt! Er ist verrückt geworden! Wir können ihn nicht mitnehmen in den Krieg! Denn mit einem Verrückten kann man nicht Krieg führen!«

Wir wollen hier nicht so weit gehen und sagen: Odysseus war der erste Kriegsdienstverweigerer.

Palamedes sagte: »Wir wollen schauen, ob er tatsächlich verrückt ist.«

Er wandte sich plötzlich Penelope zu, riß ihr das Kind aus den Armen und legte es vor den Pflug des Odysseus. Da hielt Odysseus Ochse und Esel zurück, hob den Pflug hoch, so daß sein kleiner Sohn unverletzt blieb.

Da sagte Palamedes: »Verrückt hin oder her, so verrückt, daß er zwischen Leben und Tod nicht unterscheiden kann, ist er auf alle Fälle nicht.«

Das ist die gängige Version dieser Geschichte. Es gibt allerdings noch eine andere, und diese andere Version will ich auch noch erzählen:

Odysseus hatte, so heißt es, seherische Gaben. Aber was er sah, konnte er nicht in Worte fassen, er konnte es weder aufschreiben, noch konnte er es sagen. Er mußte es zeigen. Er hatte, wie wir wissen, Ochs und Esel vor den Pflug gespannt. Der Ochse ist ein Symbol für Zeus, der Esel ein Symbol für Kronos, beide zusammen stellen ein Jahr dar, Sommer und Winter. Odysseus hat mit dem Pflug neun Furchen in den Sand gezogen, und in neun Furchen hat er Salz gesät. Bei der zehnten Furche ist ihm der Telemach vor den Pflug gelegt worden. Das wird so interpretiert: Neun Jahre wird der Krieg dauern, neun unfruchtbare Jahre, denn wenn man Salz sät, entsteht nichts, und im zehnten Jahr wird die entscheidende Schlacht sein, dann wird der Krieg zu Ende sein. Denn Telemachos heißt: der den Kampf zu Ende führen wird. Denn das Wort »telos« mit Epsilon als zweitem Buchstaben bedeutet das Ziel, das Ende. Es ist dies eine vorhomerische Deutung der Sage. Homer schrieb Telemachos mit einem Etha als zweitem Buchstaben. In diesem Fall bedeutet der Name: der in der Ferne Kämpfende.

Odysseus, so die zweite Variante der Sage, hat mit seinem scheinbar absurden Pflügen des Strandes eine Weissagung gemacht, nämlich daß der bevorstehende Krieg zehn Jahre dauern wird, und daß es zehn fruchtlose Jahre sein werden. Wie es scheint, haben Menelaos, Nestor und Palamedes diese Botschaft nicht verstanden – oder sie wollten sie nicht verstehen.

Was auch immer die Motive für das seltsame Verhalten des Odysseus waren, dem Kriegsdienst hat er sich nicht entziehen können.

Nun mußte Achill gefunden werden. Aber niemand wußte, wo er war. Seine Mutter Thetis und sein Vater Peleus kannten einen Orakelspruch über ihren Sohn, er besagte: »Entweder er wird der größte Held der Welt werden und wird dafür sehr jung sterben, oder aber er wird ein ereignisloses Leben führen und sehr alt werden.«

Die Eltern wollten verständlicherweise lieber, daß ihr Sohn alt und ruhmlos sterben sollte. Sie versteckten Achill in einer Art Mädcheninternat. Sie zogen ihm Mädchenkleider an und dachten, hier wird ihn schon niemand finden.

Nachdem Odysseus mit seiner List nicht durchgekommen war, war er besonders kräftig bei der Sache: Er nahm den Fall Achill in die Hand, und bald brachte er in Erfahrung, wo Achill steckte. Dann wandte er einen Trick an: Im Speisesaal des Internats legte er auf einem großen Tisch verschiedene Dinge aus: Schmuck und schöne Kleider auf der einen, Waffen und Rüstungen auf der anderen Seite. Dann, als die Mädchen zur Schlafenszeit in ihre Betten gegangen waren, ließ er Alarm geben. Es wurde ausgerufen: »Feuer, Feuer, die Feinde kommen, die Feinde kommen, Feuer ist schon gelegt!«

Die Mädchen sprangen aus ihren Betten und liefen in den Speisesaal, und die Mädchen, wie sie halt sind, oder wie diese Sage meint, daß sie seien, stürzten sich alle auf den schönen Schmuck und auf die schönen Kleider, nur ein Mädchen griff nach den Waffen.

Da sagte Odysseus: »Wir wollen es dir ersparen, das Röckchen zu heben. Gib zu, du bist Achill.«

Nun war auch Achill dabei. Dem Feldzug gegen die Stadt Troja stand nichts mehr im Wege. Die Helden waren beisammen: Idomeneus war von Kreta gekommen, Diomedes von Argos, Odysseus aus Ithaka, aus Pylos der alte Nestor, der telamonische Ajas war da, dieses Urvieh, ein Riese, wahrscheinlich gute 1,75 Meter groß, die Menschen waren damals kleiner als wir heute. Der giftige kleine, der lokrische Ajas war da; Patroklos, Philoktet und viele mehr... Man traf sich in Aulis, von Aulis stachen die Schiffe ostwärts ins Meer.

Dieser Krieg – man weiß eigentlich gar nicht so genau, was in den ersten neun Jahren geschah, es war ein Scharmützel nach dem anderen, ein Angriff nach dem anderen, wieder Rückzug, dann wieder Feste gefeiert... Neun Jahre sind mit kriegerischem Geschehen vergangen, die Stadt Troja hat sich nicht einnehmen lassen, sie war eine der am besten befestigten Städte der Antike. Kein Wunder, ihre Mauern waren von Poseidon und Apoll persönlich erbaut worden, aber das ist eine andere Geschichte... Jedenfalls: die Entscheidung fiel im zehnten Jahr. Genau, wie es Odysseus in seiner Pantomime am Strand von Ithaka hatte vorhersagen wollen.

Ilias

Im zehnten Jahr kam Agamemnon auf die Idee, die Tochter eines trojanischen Priesters zu entführen. Sie gefiel ihm, und er wollte sie zu seiner Pritschengenossin machen. Er war der selbstherrliche Generalissimus und wollte dieses Mädchen, das noch ein Kind war, zu seiner Geliebten machen. Er ließ sie rauben.

Der Vater des Mädchens aber war ein Priester des Gottes Apoll, und er flehte zu seinem Gott, er möge das Heer der Griechen mit der Pest strafen, weil der General sein Töchterchen zu sich ins Bett gezogen habe. Apoll hörte das Flehen seines Priesters und schickte die Pest ins Lager der Griechen.

Diomedes, einer der griechischen Helden, war, so heißt es, mit einer besonderen Gabe ausgestattet. Er konnte die Götter sehen, wenn sie auf dem Schlachtfeld fochten. Die Götter mischten sich nämlich in die Kämpfe ein, meistens in unfairer Weise. Diomedes empfand diese Gabe mehr als eine Belastung denn als eine Gnade. Und so sah er auch Apoll, wie er durch das Lager der Griechen schritt, wie er aus seinem Köcher die Pfeile zog, wie er den Bogen spannte… Und Diomedes wunderte sich, daß Apoll diesmal nicht die üblichen Pfeile verwendete, sondern Pfeile, die statt der Spitze einen fauligen Lappen hatten. Das waren die Pestpfeile. Wen sie trafen, der starb am Aussatz.

Die Pest wütete furchtbar. Die Trojaner hätten nichts anderes tun müssen, als von den Zinnen ihrer befestigten Stadt aus zuzuschauen, wie die Seuche das gegnerische Heer Mann für Mann niederstreckte.

Die Panik fuhr in die griechischen Soldaten, und sie fragten ihren Seher Kalchas: »Was ist gegen die Pest zu tun?«

Kalchas antwortete: »Agamemnon soll das Töchterchen des Priesters zurückgeben. Wenn er es nicht tut, wird die Pest uns alle auffressen.«

Agamemnon gab das Mädchen zurück. Es war eine Niederlage für ihn, und um nicht sein Gesicht vor der Truppe zu verlieren, und vor allem vor seinen Offizieren, vor Idomeneus, der frech auf seinen Posten schielte, sagte er: »Gut, das Mädchen habe ich zurückgegeben, aber ich hole mir dafür die Bettgenossin von dem bedeutendsten eurer Helden, und zwar von Achill.«

Er nahm Achill seine liebste Sklavin weg.

Wie reagierte Achill darauf? Achill reagierte mit einem Tötungsstreik. Er sagte: »Wenn das so ist, dann werde ich nicht mehr an den Kämpfen teilnehmen. Ich werde nicht mehr kämpfen, und auch mein Freund Patroklos wird nicht mehr kämpfen.«

Zwischen Patroklos und Achill bestand eine homophile Beziehung, das kann man aus dem Homer herauslesen. Diese beiden hielten eng zusammen, sie waren innigste Freunde: Achill zog Patroklos jeder Frau vor, sie waren ein Bollwerk der Gewalt, die Trojaner zitterten allein bei der Nennung ihrer Namen, und diese beiden

Freunde sagten: »Wir werden nicht mehr an den Kämpfen teilnehmen.«

Agamemnon hatte die Ehre des Achill verletzt. Und
genau an dieser Stelle setzt die Ilias des Homer ein.

In der Übersetzung von Johann Heinrich Voss:

»Singe den Zorn, o Göttin, des Peleiaden Achilleus,
Ihn, der entbrannt den Achaiern unnennbaren
    Jammer erregte
Und viel tapfere Seelen der Heldensöhne zum Hades
Sendete, aber sie selbst zum Raub darstellte den
    Hunden
Und dem Gevögel umher...«

Achill und Patroklos mußten fürwahr mächtige Streiter
gewesen sein; denn sobald sie nicht mehr in den Rei-
hen der Griechen fochten, drangen die Trojaner immer
weiter vor. Dieser eine Mann mit seinem Freund an der
Seite hatte sie all die Jahre über aufgehalten? Wir müssen es annehmen. – Die Sache der Griechen sah schlecht
aus.

Es wurden Abordnungen in das Zelt des Achill geschickt. Odysseus ging hin, Nestor ging hin. Aber Achill
ließ sich nicht überreden. Er blieb stur und sah höhnisch-
zufrieden zu, wie sich die Unverschämtheit des Agamemnon rächte. Eine Zeitlang schaute er zu.

Schließlich wurde ein Kompromiß geschlossen.

Achill sagte: »Gut, Patroklos, du bekommst meine
Rüstung. Tu mit! Zeig ihnen, was kämpfen heißt!«

Achill gab seinem Freund jene goldene Rüstung, die
Hephaistos als Hochzeitsgeschenk seinem Vater Peleus
überreicht hatte.

»Zieh die Rüstung an, Freund, kämpfe für mich. Die anderen gehen dich nichts an. Nur für mich und meinen Ruhm sollst du kämpfen.«

Patroklos kämpfte. Aber er war bei weitem nicht dieser geschickte Streiter wie Achill. Jetzt stellte es sich heraus. Schon am ersten Tag, schon in der ersten Stunde, in der er allein, ohne seinen Freund neben sich, auf dem Schlachtfeld stand, wurde er vom berühmtesten Helden der Trojaner, von Hektor, erschlagen.

Welch eine Katastrophe für Achill!

Mit dieser Trauer, die den Achill nun erfüllte, hatte niemand gerechnet. Achill war am Boden zerstört. Achill war zerschmettert. Eine Traurigkeit erfaßte ihn, ein Schmerz, wie ihn die Antike nur noch von Orpheus kannte, als dieser seine Eurydike verloren hatte. Die Kämpfe wurden für einige Tage unterbrochen. Alles war unwichtig geworden, alles drehte sich nur darum, Achill zu beruhigen. Auch die Trojaner hatten Respekt vor dem großen Schmerz ihres Feindes. Es werden Trauerfeierlichkeiten abgehalten, wie sie keinem Kriegsteilnehmer bisher gegönnt wurden. Mit ausschweifenden Worten erzählt uns Homer davon, fast zwei Gesänge lang dauert die Schilderung der Totenfeiern für Patroklos.

Schließlich braucht es keine Überredung mehr, um Achill auf das Schlachtfeld zurückzuholen. Achill zieht wieder seine goldene Rüstung an und schwört: »Es gibt nur noch eines im Leben, was für mich Sinn hat, nämlich Hektor zu töten.«

Es kommt zum Zweikampf zwischen Achill und Hektor. Es ist ganz und gar nicht klar, wer diesen Kampf gewinnen wird. Hektor war ein gewaltiger Krieger, auch ein kluger Krieger. Aber Athene hat auf sehr unfaire Art und Weise bei diesem Kampf ihre Finger im Spiel gehabt, sie hat den Hektor während des Schlagabtausches geblendet, und Achill konnte Hektor töten.

Vor dem Kampf hatte Hektor seinen Feind Achill gebeten: »Laß uns, ganz gleich, wer von uns beiden den anderen besiegt, laß uns gegenseitig ein Versprechen abgeben: Der Sieger soll den toten Körper des Besiegten ehren.«

Aber Achill sagte: »Dich werde ich nicht ehren.«

Nachdem er ihn erschlagen hatte, schleifte Achill die Leiche des Hektor um den Scheiterhaufen, der für seinen toten Freund Patroklos errichtet worden war. Er tat das, um Hektor noch im Tode zu demütigen. Oben auf den Stadtmauern stand Priamos, der alte, greise Vater des Hektor, stand Hekabe, die Mutter, stand Andromache, die Gattin des Hektor, und sie blickten hinunter auf ihren Sohn und Gatten, dessen Körper geschändet wurde.

Nun folgt die vielleicht seltsamste Szene in der Ilias, auch die berührendste Szene, die ich oft und oft, immer wieder, gelesen habe, und jedesmal hat es mir das Herz zusammengeschnürt. – Priamos, der Greis, der König von Troja, der schon so viel Entsetzliches in seinem Leben erlebt hat, geht auf nackten Füßen, nur mit einem Schurz bekleidet, über das Schlachtfeld. Er geht, alles Hohngelächter mißachtend, auf das Zelt des Achill zu. Er fällt vor seinem Erzfeind Achill auf die Knie und bittet ihn, er möge ihm den Leichnam seines Sohnes Hektor herausgeben. Es stehen sich gegenüber der vor Schmerz rasend gewordene Achill auf der einen Seite, voll Verzweiflung über den Tod seinen geliebten Freundes Patroklos, und der von Kummer niedergedrückte Vater des Hektor auf der anderen Seite. Und sie sind Feinde, wie es Feinde nur geben kann. Aber in diesem Augenblick, es ist, behaupte ich, der berührendste Augenblick in der ganzen antiken Literatur, in diesem Augenblick stehen sich zwei Trauernde gegenüber, nur zwei Trauernde; und obwohl der eine die Ursache für die Trauer des anderen ist, begreifen sich die beiden in ihrer Trauer. Die Trauer, als wäre sie Fleisch und Blut geworden, ist so stark, daß sie diese beiden Männer vereint, und es gibt ein kurzes Zögern, da hätten sie sich beinahe umarmt. Sie wissen: Es gibt auf diesem Fleck Erde niemanden, der von der Gottheit der Trauer so erfüllt und so angefüllt worden ist wie wir beide.

Achill gibt die Leiche des Hektor frei.

Damit endet die Geschichte der Ilias.

Wie geht es weiter? Paris schießt einen Pfeil ab, der Pfeil wird gelenkt von Apoll, er trifft Achill in der Ferse. Achill stirbt.

Und wie endet Troja? – Merkwürdigerweise erfahren wir das weder aus der Ilias noch aus der Odyssee. Wir erfahren es von einem anderen, viel späteren Schriftsteller, wir erfahren es von dem Römer Vergil, aus seiner Äneis.

Äneas, der sich mit wenigen aus dem brennenden Troja retten konnte, erzählt später, wie Troja unterging. Es war eine Auslöschung.

Nicht Odysseus war es übrigens, der das trojanische Pferd erfunden hatte, wie immer wieder behauptet wird, sondern es war ein trojanischer Seher namens Helenos, ein Sohn des Priamos. Er hatte dem Odysseus geweissagt, wie Troja untergehen würde. Er hatte im Traum ein großes Pferd gesehen, in dessen Bauch die Vernichtung lauerte.

Odysseus hat das pragmatisch interpretiert, er ließ ein riesiges hölzernes Pferd bauen, darin versteckte er die Krieger. Die Griechen stellten das Pferd vor der Stadt Troja auf und zogen mit ihren Schiffen ab, so daß der Eindruck entstehen mußte, sie hätten aufgegeben und als ein kriegerisch-freundschaftliches Abschiedsgeschenk dieses Pferd zurückgelassen.

Kassandra, die Seherin, die verflucht war, alles Unglück zu sehen, aber gleichzeitig keinen Glauben zu ernten, warnte vor diesem Pferd. Sie sagte: »Holt es nicht in die Stadt! Es wird uns vernichten!«

Aber die Trojaner lachten sie aus, sagten: »Ein Pferd aus Holz soll uns vernichten? Die griechische Flotte konnte uns in zehn Jahren nicht vernichten, da soll es dieses Riesenspielzeug können?«

Sie zogen das Pferd in die Stadt. In der Nacht, als alle schliefen, sagte ihnen ein trojanischer Verräter Bescheid, eine Luke im Bauch des Pferdes wurde geöffnet, die Krieger stiegen heraus, schlichen sich an die Tore von Troja, öffneten die Tore. Draußen wartete das griechische Heer.

Die Soldaten marschierten in die Stadt und metzelten alles nieder, was lebendig war. Sie verschonten weder Frauen noch Kinder noch alte Männer, sie töteten die Hunde und die Katzen, die hübschen Vögel in den hübschen Käfigen, das Vieh, alles. Frauen, die hübsch genug waren, den griechischen Soldaten als Dirnen und Sklavinnen zu dienen, blieben am Leben. Sie wurden aufgeteilt. Agamemnon nahm sich Kassandra. Neoptolemos, der Sohn des Achill, nahm sich die Gattin des Hektor. Odysseus, heißt es, bekam die alte Hekabe. Aber es heißt auch, er ließ sie ziehen.

Die Griechen plünderten die Stadt. Sie sprengten die letzten Hausreste, und so verließen sie nach zehn Jahren das vorher blühende Troja, fuhren zurück, nach Hause, nach Griechenland. Fuhren zurück in ihre Städte, wo ihre Frauen sich entweder schon andere Männer genommen hatten oder wo sie, wie Agamemnon, von ihren Frauen erschlagen wurden.

Odyssee

*Bei Kalypso – Telemach – Bei den Phäaken –
Polyphem – Die Sirenen – Die Heimkehr – Noch einmal
Telemach – Der Freiermord – Mann und Frau*

Nur einer fand nicht den Weg nach Hause. Odysseus.
Ihm war bestimmt, nachdem er zehn Jahre vor Troja
gekämpft hatte, weitere zehn Jahre auf dem Meer her-
umzusegeln. Er mußte auf Irrfahrt gehen.

Ich möchte mich hier ganz auf die Dramaturgie des
Homer verlassen. Seine Odyssee hält sich nicht an eine
chronologisch richtige Reihenfolge der Ereignisse. Ich
will so erzählen, wie Homer seine Odyssee geschrieben
hat. Der Aufbau der Odyssee ist kompliziert und raffiniert, hat mit der archaischen Geradheit der Ilias nichts
mehr gemein. Das ist einer der Gründe, warum die For-
schung der Meinung ist, Ilias und Odyssee seien von verschiedenen Dichtern verfaßt. Wer hat diese beiden Werke
eigentlich geschrieben? Wurde die Odyssee von einem
oder von mehreren Autoren verfaßt? Das ist die soge-
nannte Homerische Frage. Sie ist interessant, und um ihre
Klärung wurde erbittert gefochten. Mich hat diese Frage
nie aufgeregt.

Nun, Homer – was auch immer unter diesem Namen
zu verstehen ist – läßt seine Geschichte von Odysseus im
Götterhimmel beginnen. Die Götter schauen herab und
sehen die Insel Ogygia, und sie sehen dort die schön-

gelockte Nymphe Kalypso, wie sie den Odysseus festhält, und es ist bereits das zehnte Jahr seiner Irrfahrt.

Homer beginnt seine Geschichte also kurz bevor sie endet.

Was für eine Geschichte wird hier eigentlich erzählt? Hollywood-Produzenten fragen gern: »Was ist der One-liner?« Sie meinen damit, man soll ihnen in einem Satz die Geschichte erzählen.

Es ist eine Heimkehrergeschichte.

Es ist eine Abenteuergeschichte.

Es wird von einem Lügenbold erzählt, der behauptet, durch die Welt zu irren, derweil er in Wahrheit neun von diesen zehn Jahren bei Frauen zugebracht hat. – Das war mehr als eine Zeile.

Für mich ist die Odyssee in erster Linie eine Liebesgeschichte zwischen zwei Eheleuten, zwischen Odysseus und Penelope.

Bevor ich weiter berichte, was uns Homer erzählt, will ich erklären, warum ich den letzten One-liner vorziehe: Die reizende Kalypso hat dem Odysseus versprochen, daß sie ihn unsterblich machen wird, wenn er bei ihr bliebe. Sie werde dafür sorgen, daß er nicht stirbt. Nun kann man sagen, das ist das größte Versprechen, das die Liebe geben kann. Wir wissen zwar nicht, was nach dem Tod ist, vielleicht ist nach dem Tod etwas Wunderbares, dann hat sich das Leben nicht rentiert, dann dürfen wir uns alle auf das Leben nach dem Tod freuen. Kann sein. Wissen tun wir es nicht. Odysseus allerdings war einer, und wir werden es noch hören, der wußte genau, was nach dem Tod ist, denn er war in der Unterwelt gewesen.

»Vergiß deine Frau«, sagt Kalypso, »bleib bei mir!«

Odysseus weiß nicht, was mit seiner Penelope ist. Zwanzig Jahre hat er sie nicht gesehen, er weiß nicht, ob sie ihn noch liebt, er weiß nicht, ob er sie noch liebt, er weiß nicht, ob sie überhaupt noch lebt, und er weiß nicht, ob er sie je finden wird. Er weiß nichts. Er weiß gar nichts. Seine Hoffnung auf ein glückliches Wiedersehen hat lächerlich wenig Argumente. Dennoch: für diese lächerlich winzige Hoffnung verzichtet er auf das ewige Leben. Wie der Trojanische Krieg als eine düstere Wolke aus der Vergangenheit über jedem Geschehen in der Odyssee schwebt, so schwingt diese unglaubliche Liebe zu Penelope in jedem Wort des Odysseus mit, lenkt letztlich jede seiner Handlungen, gibt dem Ton der Sehnsucht, der durch die Erzählung klingt, erst die Melodie.

Zunächst führt uns Homer an der Hand der Pallas Athene nach Ithaka. In Ithaka nämlich ist Telemach inzwischen zwanzig Jahre alt geworden, und er muß zuschauen, wie an die hundert Freier seine Mutter belagern. Denn erstens ist sie eine schöne Frau, und zweitens ist sie sehr reich und mächtig, sie ist die Königin auf Ithaka.

Jeder der Freier will sie haben, sie sagen ihr: »Warte doch nicht mehr auf deinen Mann. Dein Mann ist seit zwanzig Jahren weg, er wird nicht mehr kommen, er ist tot. Glaub es endlich!«

Pallas Athene aber sagt zu Telemach: »Telemach, du sollst wissen, daß dein Vater Odysseus lebt, und er wird bald zurückkommen.«

Telemach glaubt ihr zunächst nicht, aber sie versichert ihm: »Es ist so. Aber du sollst nicht einfach nur auf ihn warten. Du sollst ihm entgegengehen.«

Unter dem Einfluß der Göttin setzt sich Telemach zum ersten Mal gegen die Freier zur Wehr, er beruft eine

Volksversammlung ein und fordert die Schmarotzer auf, den Hof des Odysseus zu verlassen. Dann macht er sich, begleitet von Mentor, seinem Lehrer, auf den Weg, um Erkundigungen über seinen Vater einzuholen.

Er besucht zunächst Nestor in Pylos, dann Menelaos in Sparta. Beide erzählen ihm alte Kriegsgeschichten. Wo sein Vater ist, wissen sie nicht.

Wir erfahren nun noch, daß die Freier in Ithaka planen, Telemach zu ermorden, sollte er wieder zurückkommen.

Damit endet der vierte Gesang der Odyssee. An dieser Stelle verlassen wir Telemach.

Nun kehrt Homer wieder an den Anfang zurück, zur Nymphe Kalypso und zu Odysseus. Wir – und das macht der raffinierte Aufbau der Odyssee –, wir wissen nun, was zu Hause geschehen ist. Odysseus weiß es nicht. Wir wollen ihm in die Geschichte hinein zurufen: »Odysseus, beeile dich, fahr schnell nach Hause! Wenn du nicht nach Hause kommst, dann wird dir deine Frau weggenommen! Dann wird dir dein Sohn umgebracht!«

Diese Gefahr schwebt wie das Schwert des Damokles über dem Haupt des Odysseus – ohne daß er davon weiß.

Die Götter wirken auf die Nymphe Kalypso ein, daß sie den Dulder nach sieben Jahren endlich aus dem Gefängnis ihrer sexuellen Reize freiläßt. Sie liebt Odysseus wirklich, aber was bleibt ihr anderes übrig, als sich dem Willen des Zeus zu beugen.

Odysseus baut sich mit Kalypsos Hilfe ein Floß, begibt sich hinaus aufs Meer, und prompt taucht der Gott des Meeres, Poseidon, auf, sein ärgster Feind, und zerschlägt ihm auch dieses Floß.

Nackt, wie er auf die Welt gekommen ist, so strandet Odysseus, dem Tode nahe, auf Scheria, der Insel der Phäaken. Er verkriecht sich ins Unterholz und denkt sich: »Soll so der große Held Odysseus enden?«

Aber am nächsten Tag spielt die Königstochter Nausikaa mit ihren Freundinnen am Strand, und sie finden den Schiffbrüchigen. Nausikaa ist von Liebe und von Mitleid erfüllt für diesen armen Mann. Sie gibt ihm ein Gewand und führt ihn an den Hof ihres Vaters.

Die Phäaken sind ein berühmt gastfreundliches Volk, sie geben ein Fest für den Fremdling. Es gibt dort einen Brauch, und ich glaube, es ist ein sehr schöner Brauch: Man darf einen Menschen erst nach seinem Namen fragen, nachdem er gegessen und getrunken hat. Man muß ihm die Gastfreundschaft vorurteilsfrei und ohne Wissen seiner Person und seiner Herkunft gewähren.

Alkinoos, der König der Phäaken, gibt ein großes Fest für einen armen Schiffbrüchigen. Bei diesem Fest tritt ein Sänger auf, der trägt Lieder vor, Heldenballaden. Unter anderem singt er vom Untergang Trojas. In seinem Lied kommt Odysseus vor, und siehe da, der Gast beginnt zu weinen.

Der König fragt: »Warum weinst du? Sag uns nun, wer du bist!«

Odysseus gibt sich zu erkennen, er sagt: »Ich bin ebendieser Odysseus, von dem dieses Lied erzählt.«

Alle sind erstaunt, voll Mitleid, gerührt und neugierig, und der König sagt: »Erzähl uns deine Geschichte. Was ist mit dir passiert?«

Nun beginnt Odysseus zu erzählen. Er erzählt seine Geschichte dem König der Phäaken, aber gleichzeitig erzählt er sie uns, den Lesern, denn der ganze mittlere Teil der Odyssee, in dem die Irrfahrt des Helden beschrieben wird, die Abenteuer, die er erlebt hat, diesen Teil hat Homer in der Form der Ich-Erzählung gehalten. Mag sein, daß sich Homer gedacht hat: »Was er hier erzählt, der erfindungsreiche Odysseus, das ist alles Seemannsgarn, dafür übernehme ich keine Verantwortung, das soll er selber erzählen.«

Odysseus erzählt von der Begegnung mit dem einäugigen Riesen Polyphem. Wie er und einige seiner Männer von Polyphem in die Höhle gesperrt werden, wie der einen nach dem anderen von ihnen auffrißt. Und Odysseus erzählt auch, wie er den Polyphem besiegt hat.

Er gab ihm Wein zu trinken, er sagte: »Hier, das wird dir schmecken, das paßt gut zu Menschenfleisch.«

Polyphem trank, und der Wein schmeckte ihm. Er trank noch einen Schlauch und noch einen, und er versprach dem Odysseus, daß er ihn als Dank dafür als letzten auffressen würde.

Bevor er völlig betrunken ist, fragt Polyphem: »Du, sag mir doch deinen Namen, ich möchte wissen, wer mir dieses wunderbare Getränk gegeben hat.«

Odysseus antwortet: »Mein Name ist Utis.«

Das ist griechisch und heißt soviel wie »Niemand«. »Niemand ist mein Name.«

Dann fällt Polyphem auf den Boden und ist ohnmächtig, stinkbesoffen. Die Kameraden des Odysseus wagen sich nun mit einem spitzen Pfahl heran und stechen dem Riesen sein einziges Auge aus. Der Zyklop brüllt vor Schmerzen auf.

Seine Brüder, die auch auf dieser Insel in Höhlen leben, kommen gelaufen und fragen: »Was ist denn los?«

Polyphem schreit: »Niemand hat mir das Augenlicht genommen, Niemand hat mich geblendet!«

Die Brüder denken: »Jetzt ist er verrückt geworden«, und gehen wieder.

Wir sehen, daß sich Homer, der gefinkelte Dichter, und Odysseus, sein Erzähler, hier einen alten Kinderwitz erlauben. Ich erinnere mich an einen ähnlichen Witz, der ging so: Aus einem Haus schauen drei Männer, der eine heißt Blöd, der andere heißt Niemand, und der dritte heißt Keiner. Der Niemand spuckt dem Blöd auf den Kopf. Herr Blöd geht zur Polizei und sagt: »Niemand hat mir auf den Kopf gespuckt, und Keiner hat es gesehen.« Die Polizisten fragen: »Sind Sie blöd?«, und er sagt: »Ja.«

Nachdem Odysseus und seine Kameraden den Polyphem überwunden hatten und mit einer weiteren List aus der Höhle fliehen konnten, landen sie als nächstes auf der Insel der Zauberin Kirke. Die verwandelte des Odysseus Kameraden in Schweine, ihn selbst verschonte sie. Sie wollte den stolzen Mann haben. Er ließ sich von ihr nehmen. Sie, so kann man aus Erzählungen außerhalb der Odyssee erfahren, gebar ihm einen Sohn, Telegonos. Ihm wurde geweissagt, er würde seinen Vater Odysseus töten. Aber das ist eine ganz andere Geschichte, eine Anverwandlung der Ödipus-Geschichte. Motive aus anderen Sagen wurden ohne Skrupel geklaut und waghalsig in die eigenen Lieblingsgeschichten eingebaut. Ich mag die Telegonos-Geschichte nicht. Eben, weil sie vom Tod des Odysseus erzählt, weil sie den Charakter des Helden verdreht, seine Handlungsmotive banalisiert und damit den unvergleichlichen Mythos dieser Gestalt zerstört.

Kirke rät Odysseus: »Wenn du nach Hause kommen willst, mußt du erst in die Unterwelt steigen. Du mußt in den Hades gehen und dort den Seher Teiresias treffen, der wird dir helfen.«

Sie weist ihm den Weg zur Unterwelt. Odysseus gehört zu den wenigen Helden, die wenigstens bis an die Pforten der Unterwelt gelangten. Von einigen anderen haben wir bereits erfahren. Er fand den Eingang zum Hades, schüttete das Blut eines Schafes in eine Rinne und wartete, bis die grauen Seelen, vom Blutdunst angezogen, heraufstiegen.

Es begegnen ihm dort seine Mutter Antikleia, aber auch die gefallenen Helden vor Troja. Eine der Begegnungen ist bemerkenswert. Von ihr will ich berichten.

Auch der Schatten des Achill taucht auf. Er sagt: »Odysseus, bist du so wagemutig geworden, daß du dich sogar an die Grenze des Hades traust?«

Odysseus sieht den großen Achill und sagt: »Was ist aus dir geworden, was ist mit dir?«

Und Achill sagt: »Glaube mir eines: Hier unten im Hades, es ist langweilig. Es ist grau, es ist nichts. Niemand respektiert den großen Achill. Der große Achill ist ein Schatten wie jeder andere. Hör zu«, sagt Achill, »wenn ich tauschen könnte, und wenn ich der kleinste Knecht des kleinsten Bauern oben auf dem unfruchtbarsten Land wäre, ich würde sofort tauschen, auch wenn ich hier unten der Herrscher über alle Seelen wäre. Denn das geringste Leben, blutvolle Leben, oben auf der Erde ist um ein Tausendfaches schöner, als hier unten der Größte aller Schatten zu sein. Odysseus, schau zu, daß du lange lebst!«

Mit diesem Ratschlag verläßt Odysseus die Unterwelt. Wenn er am Ende seiner Irrfahrt bei Kalypso angekommen sein wird, wird ihm Kalypso das ewige Leben versprechen. Er wird dann wissen, was ihn nach dem Tod erwartet, und er wird sich dennoch für den winzigen Hoffnungsschimmer, irgendwann einmal wieder mit Penelope vereint zu sein, entscheiden.

Wir sehen Odysseus auf seinem Schiff weitersegeln, wir sehen ihn durch die Jahrtausende segeln, bis herauf zu uns. Odysseus ist der Inbegriff des suchenden Menschen geworden: desjenigen, der seine Heimat sucht, seine Liebe, aber vielleicht auch desjenigen, der sucht, ohne zu wissen, was er sucht. Als solcher steht er neben einer anderen Figur, neben Faust.

Wir sehen Odysseus an der Insel der Sirenen vorüberfahren. Wer die Sirenen hört, verfällt ihnen. Sie singen so schön, wie sonst keine Wesen singen. Wer sie hört, der kann nicht anders, er muß ihre Insel betreten, und dort wird er von ihnen aufgefressen. Der Strand ist bedeckt mit den gebleichten Knochen der Opfer.

Odysseus, dieser überaus neugierige Mensch, will beides: Er will am Leben bleiben, und er will die Sirenen hören. Wieder denkt er sich etwas aus: Er gibt seinen Leuten Wachs, das sollen sie zerkneten und sich in die Ohren schieben, damit sie nichts hören. Ihn aber sollen sie an den Mastbaum binden.

»Wenn ich euch bitte, meine Fesseln zu lösen«, sagt er, »dann zurrt sie fester. Je mehr ich euch bitte, desto fester sollt ihr meine Fesseln schnüren.«

So fährt das Schiff des Odysseus an der Insel der Sirenen vorüber. Die Besatzung ist taub und hört den Gesang nicht, und Odysseus ist an den Mast gebunden. Er schmachtet vor Schmerz und schreit vor Sehnsucht und Gier nach dieser Musik. Er weiß, den größten Genuß kann man nur mit Schmerzen ertragen. So geht auch diese Gefahr an ihm vorüber.

Er fährt vorbei an Skylla und Charybdis, verliert dort fast seine ganze Mannschaft, und schließlich, als seine Kameraden die Rinder des Helios schlachten, werden sie alle vernichtet. Nur Odysseus bleibt übrig. Der nackte, einsame, alleingelassene Odysseus strandet auf Ogygia, auf der Insel der Kalypso.

Hier ist das Ende seiner Erzählung, seiner Ich-Erzählung am Hofe der Phäaken. Der Kreis der Geschichte schließt sich.

Alkinoos, der König der Phäaken, sagt zu Odysseus: »Wir werden dir helfen, damit du endlich nach zehn Jahren zurückfindest nach Ithaka.«

Ein kleiner, vielleicht etwas scheeler Blick auf die »Irrfahrten« des Odysseus sei mir an dieser Stelle nicht verübelt: Sie dauerten also zehn Jahre. Zwei Jahre davon war er bei Kirke, sieben Jahre bei Kalypso…

Nun, die Phäaken geben ihm ein Schiff, die Schiffe der Phäaken brauchen keinen Steuermann, sie finden ihren Weg von allein. Während Odysseus schläft, trägt ihn das Schiff nach Ithaka. Als er erwacht, ist er zu Hause.

Hier nun schließt sich auch ein anderer Erzählkreis der Odyssee. Während Odysseus den Phäaken von seinen Abenteuern erzählt, haben wir ja die Geschichte seines Sohnes Telemach nicht vergessen. »Beeil dich«, wollen wir dem Vater zurufen, »schmücke deine Erzählung nicht zu sehr aus. Dein Sohn ist in Gefahr!«

Nun sind wir plötzlich in der gleichen Situation wie Odysseus. Wir wissen nicht, was mit Telemach ist. Was ist mit ihm geschehen? Haben ihn die Freier erwischt? Wir bangen.

Hier liegt der Grund dafür, warum mich die Frage, ob die Odyssee nun von einem oder von zwei oder von achtzehn Dichtern geschrieben wurde, nicht allzusehr aufregt. Es ist, ganz gleich wie, ein ungeheuer spannender Roman daraus geworden.

Nun ist Odysseus auf Ithaka gelandet, und wir hoffen, es ist noch nicht alles verdorben, wir hoffen, Penelope hat sich nicht bereits mit einem der Freier vermählt, wir hoffen, daß Telemach noch lebt.

Odysseus begibt sich zu seinem alten Freund Eumaios, dem Schweinehirten. Der aber erkennt ihn nicht. Zu abgezehrt vom Schicksal ist sein Herr. Der Hund Argos erkennt seinen alten Herrn, und er freut sich darüber so sehr, daß es ihm das Herz zerreißt. Er stirbt an blutendem Herzen.

Telemach lebt! Wir sind erleichtert und sehen mit einigem Staunen der Begegnung von Vater und Sohn zu. Wir haben uns ja schon vorher gefragt: Wie wird das der alte Homer machen?

Das ist ja eine ungeheuer schwierige Situation für einen Schriftsteller. Ein guter, aber doch nicht sehr guter Autor kann da alles verderben. Wie macht es Homer? Sehr kurz. Sehr kühl. Sehr sachlich. Sie umarmen sich, das ja. Aber viel mehr ist da nicht. Sofort werden Pläne geschmiedet, wie den Freiern beizukommen sei. Sorgt sich Odysseus mehr um sein Gut, als er sich auf seinen Sohn gefreut hat? Nein. Aber über all unser Verlangen nach Sentimentalität hinweg müssen wir uns doch sagen: Odysseus hat diesen jungen Mann, der nun vor ihm steht, nie gesehen. Er ist ihm ein Fremder. Ihn verbindet mit ihm nur ein Gedanke: Das ist mein Sohn. Nach zehn Jahren Krieg und zehn Jahren Irrfahrt ist dies ein recht abstrakter Gedanke. Telemach auf der anderen Seite sieht vor sich einen Mann stehen, von dem er bisher nur

Sagenhaftes gehört hat. Er sagt sich: Das ist mein Vater. Und auch das ist lediglich ein abstrakter Gedanke. – Homer, der große, der von mir unendlich bewunderte Dichter, hat sich nicht dazu verleiten lassen, die psychologische Wahrheit einem sentimentalen Effekt zu opfern.

»Wir müssen sehr listig und sehr genau vorgehen, mein Sohn«, sagt Odysseus. »Hole deinen Großvater Laertes und hole die letzten zusammen, die noch zu uns stehen, und dann werden wir gemeinsam und mit der Hilfe der Göttin Pallas Athene die Freier deiner Mutter überwältigen.«

Odysseus, verkleidet als armseliger Bettler, trifft im Palast die Freier, die sich mit wüsten Wettspielen die Zeit um die Ohren schlagen, und er hört auch, wie Penelope aus ihrer Verzweiflung heraus eine letzte Bedingung stellt.

Penelope sagt: »Wer den Bogen des Odysseus spannen kann und damit einen Pfeil durch siebzehn Äxte hindurch schießen kann, den werde ich zum Gemahl nehmen.«

Es ist dies eine Bedingung, von der sie weiß, daß sie niemand wird erfüllen können. Aber der Wettbewerb wird veranstaltet. Es werden siebzehn Äxte aufgestellt. Dann wird der Bogen des Odysseus von der Wand genommen, und die Freier versuchen ihn zu spannen. Es ist nicht ein einziger darunter, der das könnte.

Da kommt der zerlumpte Bettler daher und sagt: »Laßt mich doch auch bei eurem Wettstreit mittun!«

Die Freier lachen ihn aus, aber er sagt: »Bitte, gebt doch einem alten Mann diese Chance.«

Um sich zu unterhalten, sagen sie: »Gut, Idiot, probier es!«

Odysseus nimmt den Bogen, reibt ihn mit Fett ein, dreht ihn über der Flamme, damit er geschmeidiger wird, legt einen Pfeil ein und schießt ihn durch die siebzehn Äxte hindurch.

Bevor sich die Freier fassen können, hat Odysseus schon den zweiten Pfeil an der Sehne. Der zweite Pfeil trifft den Anführer der Freier, den zynischen Antinoos, genau im Hals. Als Eurymachos, ein anderer Freier, mit Odysseus verhandeln will, trifft ihn ein Pfeil mitten ins Herz.

Nun geht ein Pfeilhagel von der Galerie auf die Freier nieder, oben stehen Telemach, der Sohn, Laertes, der Vater, und die anderen Verbündeten. In einem unglaublichen Massaker bringen Odysseus und seine Freunde die ganze Freierschaft um, bis am Schluß nicht einer mehr übrigbleibt. Die Mägde, die es mit den Freiern getrieben haben, werden an den Türstöcken aufgehängt.

Schließlich, am Ende der Geschichte, am Ende der Odyssee, kommt es zur Begegnung zwischen Odysseus und Penelope. Die beiden müssen knöcheltief im Blut gestanden haben.

Sie erkennt ihn nicht, Odysseus ist immer noch als alter, zerlumpter Bettler verkleidet.

Er tritt vor sie hin und sagt: »Ich bin dein Mann. Ich bin Odysseus.«

Aber sie glaubt ihm nicht, kann ihm nicht glauben. Sie ist voller Angst und voller Zweifel. Sie stellt ihn auf die Probe, sie sagt: »Gut, wenn du es bist, dann wirst du sicher über ein Geheimnis Bescheid wissen, das nur wir beide kennen. Aber du kannst es mir morgen erzählen. Heute war schon genug los. Ich werde einer von den Mägden, die noch am Leben sind, den Auftrag geben, dein Bett aus unserem Schlafzimmer zu tragen. Wenn du mir dann morgen das Geheimnis erzählt hast und ich überzeugt bin, daß du Odysseus bist, dann holen wir das Bett wieder zurück.«

Odysseus wird nun sehr wütend und sagt: »Was heißt das, mein Bett aus dem Schlafzimmer heraustragen! Hast du etwas ändern lassen? Unsere Betten kann man erstens nicht trennen, und zweitens kann man sie nicht aus dem Schlafzimmer herausnehmen. Denn sie sind aus dem Stamm eines alten Olivenbaumes herausgeschnitzt worden.«

Das aber war eben das Geheimnis, das nur Penelope und ihr Mann kannten.

Nun tritt Pallas Athene auf und verwandelt den zerlumpten Bettler Odysseus wieder zurück in den strahlenden Helden, und die beiden Eheleute haben sich, und sie schließen sich in die Arme.

Nachwort

Mein Vater hat mir die klassischen Sagen des Altertums erzählt, sein Ziel war es, mich auf diese Weise in die humanistische Bildung einzugewöhnen; meine Großmutter hat wacker mit den Grimmschen Märchen dagegengehalten. Sie war der Meinung, allzuviel Bildung verderbe den Charakter. Ich war süchtig nach ihrer beider Erzählungen. Märchen und Sagen vertrugen sich in meinem Ohr geschwisterlich.

Ich habe sehr bald die Erfahrung gemacht, daß es nicht genügt, sich diese Geschichten nur anzuhören. Man muß sie selbst erzählen. Man muß sie erzählend weiterspinnen. So und nur so eignet man sich diesen Schatz an. Erzählen heißt ja nicht nur etwas weitergeben, was man weiß; der Erzähler weiß vielleicht mehr als der eine oder andere seiner Zuhörer, aber er weiß nicht viel mehr. Erst während des Erzählens verschafft er sich Gewißheit, erst während er die Geschichten ausbreitet, beginnt er sie zu begreifen, versteht er, daß sie aus unendlich vielen Schichten aufgebaut sind, von denen nur eine bestimmt ist, von ihm freigelegt zu werden. Deshalb ist Erzählen, selbst das einfachste Nacherzählen, immer auch Erfinden. Nur so wird der Reichtum der Mythologie verständlich.

Odysseus kennt jeder. Wer aber kennt seinen Vater? War Laertes sein Vater, wie Homer behauptet? Oder war es Sisyphos, der freche Erzschelm, der Lästerer, der zweimal sogar den Tod überlistet hat und dafür im Hades neben Tantalos die schlimmsten Qualen erleiden muß? Wer aber ist Tantalos, und wofür wird er bestraft? War sein Vergehen, daß er seinen Sohn Pelops schlachtete und ihn den Göttern als Speise vorsetzte? Oder aber interessierte das die Götter gar nicht, und er wurde lediglich verdammt, weil er an ihrer Allwissenheit zweifelte? Was war mit Pelops? Ist es wahr, daß er wieder zum Leben zusammengebaut und unendlich reich wurde, daß noch heute eine Insel nach ihm benannt ist – der Peloponnes?

Gleichgültig, wo man zu fragen beginnt, unerheblich, mit welcher Geschichte man anfängt, immer ist man mitten drin. Eine Figur verweist auf die andere, eine Geschichte nährt sich von der anderen, eine Begebenheit baut auf einer anderen auf, die Gründe für die eine Tat wurzeln in einer anderen. Die griechische Mythologie ist ein Netz, das die gesamte menschliche Existenz umspannt. Himmel, Hölle, Geisterwelt und banalste Realität – alles, was unter unserer Schädeldecke Platz hat, es wird in diesen vielleicht wunderbarsten Geschichten, die sich Menschen auf diesem Erdenrund je erzählt haben, in Bilder gefaßt.

Was ist es, daß uns die Geschichten von Achill, Orpheus, Antigone, Daidalos und Ikaros, Paris und Helena immer noch interessieren, daß wir gebannt den Monologen des Ödipus lauschen, daß wir über die Zustände im Götterhimmel lachen, daß wir mit Kribbeln den Liebschaften des Göttervaters Zeus nachspüren, aber auch

daß wir dem Dulder Odysseus von Herzen eine glückliche Heimkehr und dem Rächer Orest endlich seine
Ruhe wünschen? All diese Geschichten sind dreitausend
Jahre alt und älter, und sie sind schon unzählige Male erzählt worden, und man darf getrost die Voraussage wagen, daß die Menschheit bis an ihr Ende die Erinnerung
an diese Geschichten nicht verlieren wird.

Der Mythos erzählt freilich vom Gewesenen, Vergangenen, aber von einem Vergangenen, dessen Folgen
bis heute anhalten, somit vom Werden und Geworden-
sein – von uns. Spätestens seit Freud wissen wir, daß jeder von uns Ödipus ist, daß jedem von uns auferlegt ist,
in sich nach vergangener, verschütteter Schuld zu graben,
und zwar sein Leben lang. In der alten Tragödie des Königs, der sich am Ende selbst das Augenlicht nimmt, weil
es verheerend ist, allzu tief in des Menschen Herz zu
schauen, erkennen wir uns wieder.

Über die Jahrtausende haben die Generationen mit
Ödipus mitgelitten, mit Odysseus mitgebangt, mit Helena mitgeliebt, mit Achill mitgekämpft; und es scheint
beinahe, als sei in diesen alten Sagen für alle Zeiten des
Menschen Antlitz gefurcht worden, als sei darin vor-
gegeben worden, wie der Mensch zu lachen und zu weinen habe.

Diese Sagen sind ein schwarzer, tiefer Spiegel, in dem
wir uns immer wieder betrachten, weil er unser Bild sowohl in seiner Klarheit als auch in seiner Rätselhaftigkeit
wiedergibt.

An diesem Netz haben Generationen geknüpft. Jeder,
der eine Geschichte weitererzählt hat, hat sie im Erzählen
zu seinem Eigentum gemacht, hat sie erzählend neu erfunden, hat der Geschichte seine eigene Seele geliehen.

Deshalb sind diese Mythen zwar unausschöpflich, aber jeder kann sie verstehen, es bedarf keines Professorentitels dazu, denn jeder, der erzählt, ist im Augenblick des Erzählens ein Experte.

Register

PIPER

Michael Köhlmeier
Telemach

Roman. 491 Seiten Leinen

Mit der Geschichte des Odysseus begann vor 2800 Jahren
die europäische Literatur. Daß dieses alte Epos vom
Mann, der durch die Welt irrt, von der Frau, die auf ihn
wartet, und vom Sohn, der nach ihm sucht, bis heute
lebendig ist, beweist Michael Köhlmeier in seiner wunderbaren Neuerzählung. Ohne Anstrengung schlägt diese Geschichte einen Bogen von der Antike in unsere
heutige Zeit.
Im Mittelpunkt steht Telemach, Sohn des Odysseus,
der seinen Vater nie gesehen hat. Inzwischen ist er zwanzig
Jahre alt, und der Krieg, in den sein Vater zog, ist längst
vorbei. Im Haus des Odysseus haben sich die Freier
breitgemacht. Sie werben um die schöne Penelope, die
Gattin des Verschollenen. Telemach sieht dem Treiben der
Freier mit Verzweiflung, aber hilflos zu…

PIPER

Michael Köhlmeier
Kalypso

Roman. 445 Seiten. Leinen

Kalypso, die verführerische Nymphe, braucht keinen
Zauber und keine Gewalt, um den unglücklichen Schiffbrüchigen auf ihrer Insel Ogygia zu halten: Odysseus ist
ihr verfallen. Wenn er für immer bei ihr bliebe, so
verspricht ihm Kalypso, werde sie ihn unsterblich machen.
Die Unsterblichkeit ist ein großes Versprechen und
unsterbliche Liebe ein noch größeres. Zerrissen zwischen
der Sehnsucht nach der Heimat, der Gattin Penelope,
dem Sohn Telemach und der Begierde nach Kalypso,
kann Odysseus sich nicht entscheiden.
Welch epochale Kraft und tiefbewegende Lebendigkeit
heute noch in dem homerischen Epos von den Irrfahrten
des Odysseus stecken, beweist Michael Köhlmeier auch
in seinem zweiten, furiosen Roman über den größten Stoff
der Weltliteratur. Mit Witz, unerreichter Kunstfertigkeit
und kühner Raffinesse erzählt er dabei von Liebe und Tod,
Verführung und Gewalt, von Glück und tragischer
Verstrickung.